I0704356

Investigación Social Creativa
Dinámicas y ejercicios para conocer y transformar la realidad

César García-Rincón de Castro
2021

Investigación Social Creativa

Dinámicas y ejercicios para conocer y transformar la realidad

1ª Edición

© César García-Rincón de Castro (2021)

Edita: Homo Prosocius (www.prosocialia.org)

ISBN: 979-8702836485

Índice

Investigar es conocer, y también querer conocer un ámbito de la realidad. Hay en todo investigador/a, más o menos experto en la materia, un *deseo por conocer más allá de lo obvio*, de la simple percepción, un deseo de saber qué hay dentro de esa realidad, de qué está hecha, qué mecanismos y fuerzas la configuran o desfiguran, qué elementos la componen o la descomponen, cómo están ordenados o desordenados, y cómo se relacionan entre sí.

Hay emociones en el conocer, como la curiosidad empírica, la sorpresa, el misterio, que se define como *una verdad que aún no ha sido revelada*. Ya desde pequeños, los niños y niñas tienen un deseo y curiosidad innatos por conocer su entorno, con todos sus sentidos, y no contentos con lo que tienen a su alcance, necesitan ir más allá, y pronto empiezan a mirar dentro de las cajas, levantan las cosas a ver qué hay debajo, miran detrás de un espejo a ver "quién está ahí", que se mueve como yo y me está mirando. *Hay intriga, suspense, desvelamiento, espera,* precaución y respeto también. Hay algo mágico en la progresiva revelación de la realidad.

El ejercicio del conocimiento de la realidad, bien diseñado y con las herramientas adecuadas, es *una poderosa fuente de motivación para el aprendiz* del conocimiento, porque es una aventura, un descubrimiento, un proceso apasionante. Pero, sin embargo, cuántas veces nos empeñamos y empañamos en *dar el conocimiento ya hecho* a nuestros alumnos y participantes, ya buscado y seleccionado por nosotros mismos (con sus correspondientes sesgos), *ya revela*do. Y la consecuencia es que, muchas veces, no se lo creen, *no se lo apropian, no lo aprehenden* porque *no lo han descubierto ellos.*

Pero no conocemos por conocer, *conocemos para algo,* conocemos para saber más y mejor, conocemos para contrastar y validar, o no, nuestras certezas, conocemos para buscar y saber la verdad, conocemos para desenmascarar las mentiras y fake-news, conocemos para conocernos mejor, conocemos para tomar mejores decisiones. Hay en el ejercicio del conocimiento de la realidad, de todo tipo de realidad, un mecanismo adaptativo y yo diría que, incluso, hasta supervivencial y evolutivo, una necesidad de vinculación con la realidad mediante el conocimiento de la misma, como mediador entre nosotros y dicha realidad, un conocimiento que es racional y también emocional, y por lo tanto *susceptible de valoración ético-social.*

Y, por supuesto, *conocemos para cambiar, mejorar, transformar la realidad* y el mundo, esa parte de la realidad y del mundo que no nos gusta o nos parece injusta, inaceptable, urgente. Y aquí llego al objetivo de este proyecto sociológico y pedagógico, que consiste en una caja de herramientas sociológicas en clave de una *pedagogía social del conocimiento,* del ejercicio del conocimiento como excelente proceso de aprendizaje, que incluye poderosas fuentes de motivación, y al mismo tiempo permite *aplicar ese mismo conocimiento para la mejora y transformación personal y social.*

Cuando hablo de *Investigación Social Creativa,* me refiero a nuevas formas y herramientas para aproximarse a los fenómenos o partes de la realidad, más dinámicas y motivadoras que las frías y serias encuestas, entrevistas u otras formas tradicionales de observación, análisis e investigación. Y como quiera que afirman los expertos, que *el instrumento de investigación no nos dice tanto lo que es la realidad, sino cómo se ve la realidad con dicho instrumento*, como si fuera un filtro o un tipo de gafas, el hecho de *utilizar nuevas y creativas herramientas de análisis y conocimiento* de la realidad, de los fenómenos sociales, nos aportará *nuevas miradas, nuevos datos y nuevos enfoques* para transformar dicha realidad.

Este trabajo personal, sencillo, útil y manejable para no expertos/as en investigación social, está dirigido a todo educador/a apasionado por *acompañar procesos de descubrimiento, mejora y transformación de la realidad personal y social*, pero también será muy útil al profesional de las ciencias sociales y la investigación en general. Me apasiona haberlo creado y compartido ahora aquí, porque en él confluyen las ciencias a las que más he dedicado mi formación académica y mi experiencia profesional: *la sociología, la pedagogía, la psicología y el trabajo social*.

César García-Rincón de Castro, febrero de 2021.

Crear a partir de lo creado: reinventando las técnicas tradicionales

Antes de aventurarnos con nuevas técnicas creativas de investigación social cualitativa, e incluso *crear nuestras propias técnicas*, ya que el objetivo de este libro también es inspirar para ello, conviene conocer las que han sido tradicionalmente técnicas de investigación social, con el fin de *construir y crear a partir de otros elementos e ideas* que tal vez ya conocemos, y de ese modo, tener unos cimientos sólidos de experiencia sociológica. Crear en la nada o en el vacío, sin cimientos, tampoco tendría mucho sentido, se nos derrumbaría con mucha facilidad. Crear sin reconocer lo que antes otros han creado y nos ha servido de base o de inspiración, sería una falta de respeto hacia el *conocimiento social heredado*, hacia la herencia social recibida.

Veamos entonces, desde las aportaciones de Mayntz, Holm y Hübner (1988)[1], las técnicas de investigación social más interesantes para medir diferentes aspectos y fenómenos de la realidad social, resumidas en fichas.

Técnica	Observación
Descripción	El investigador está presente en el lugar de realización de la situación y observa de modo más o menos sistemático una serie de variables definidas previamente como vinculadas al objetivo de dicha investigación.

---

[1] MAYNTZ, R., HOLM, K. Y HÜBNER, P. (1988). *Introducción a los métodos de la sociología empírica.* Madrid, Alianza Universidad.

Requisitos	-El investigador debe estar familiarizado con los marcos de referencia del contexto que se va a medir para captar bien lo que se quiere medir. -Previamente, conviene tener una tabla de registro con las variables que se van a medir, las cuales se han definido asociadas a comportamientos no verbales, roles, expresiones verbales, habilidades y destrezas.
Ventajas	-Ayuda a visualizar el proyecto escrito en papel y a obtener unos datos no definitivos, pero sí valiosos para contrastarlos con otras técnicas.
Dificultades	-Lo observado en ese momento, debido a otras variables o circunstancias, puede no ser representativo del objetivo general. -Las propias de los filtros personales del observador, como tendencias, preferencias, emociones pasajeras. -Teatralización: que la sola presencia del observador influya en una interacción poco natural y forzada para dar una buena impresión.
Edad	A partir de tres años

Técnica	Análisis de contenido
Descripción	Consiste en evaluar la frecuencia con que aparecen en textos de todo tipo vinculados al proyecto de investigación (narraciones, trípticos, carteles, el propio proyecto) determinadas palabras clave (*key-words*) o expresiones clave (*string-words*). Se parte de la premisa de que hablar y escribir son también una forma de conducta social: en lo que las personas dicen se expresan sus actitudes, sus valores, sus motivaciones, sus deseos, así como los atributos de la sociedad que los rodea.

Requisitos	Debemos tener posibilidad de recoger la información mediante actividades narrativas, memorias, dinámicas grupales, grabaciones de audio.
Ventajas	-Con las herramientas tecnológicas es muy rápido y barato obtener las frecuencias de *key-words* y *string-words*. -Se basa en el lenguaje y su construcción como representación de los mapas mentales del sujeto, y por ello es posible medir cambios en el modo de pensar y percibir.
Dificultades	-No disponer de información suficiente o mínimamente representativa. -No disponer del formato electrónico.
Edad	A partir de siete años.

Técnica	Encuestas, ejercicios y plantillas
Descripción	Es un instrumento escrito para medir actitudes, opiniones, conocimientos y valoraciones respecto a una serie de variables. Consiste en una serie de estímulos o preguntas más o menos sistematizadas, que van desde la pregunta abierta (expresión libre) hasta la escala de intervalo donde el sujeto solo puede situarse en un punto de la escala.
Requisitos	-Disponer de personas y recursos que puedan facilitar una buena recogida de datos. -Diseño y elaboración adecuada de lo que se quiere medir o evaluar.
Ventajas	-Se obtienen datos de todos los sujetos de modo sistematizado y científico. -Posibilidad de comparar grupos, hacer un estudio longitudinal en el tiempo, segmentar en función de variables sociales, etc. -Objetividad y fácil análisis en poco tiempo. -Ha mejorado mucho con las herramientas informáticas de análisis, como el SPSS.

Dificultades	-No hacerla en el momento adecuado, hacerla con prisas, no adecuarla a los sujetos que van a rellenarla (lenguajes, contexto). -En grupos pequeños necesitamos a todos los sujetos. -El tiempo de preparación de los ítems.
Edad	A partir de 12 años.

Técnica	Focus-group
Descripción	Consiste en un grupo de discusión o sesión grupal con una muestra de personas, para extraer datos cualitativos acerca de los objetivos de la investigación: lenguajes, expresiones, actitudes, marcos de referencia, etc. Suelen utilizar algunas dinámicas expresivas, de creatividad, debates, juegos de dilemas morales.
Requisitos	-Lo ideal sería poder estar físicamente presente en el *focus-group*, o bien ser el moderador o facilitador del mismo. -Si no, tener acceso a la sesión por vídeo-conferencia o en formato o audio.
Ventajas	-Si se programa bien, puede aportar datos cualitativos muy interesantes, en el sentido de descubrir ideas y relatos vinculados a los procesos que deseamos investigar. -Observación no verbal de comportamientos que no se reflejan en las pruebas escritas. -Permite ahondar en cuestiones relevantes.
Dificultades	-Que el grupo no sea suficientemente representativo de los beneficiarios del proyecto. -Facilitador demasiado directivo o sesgado hacia un determinado mapa del objeto de investigación. -El tiempo de preparación y codificación posterior de los datos.
Edad	A partir de 12 años.

Técnica	Entrevistas
Descripción	Consiste en un proceso de obtención de datos similar al de una encuesta, pero con el sujeto y el entrevistador físicamente presentes, y generalmente con preguntas más abiertas y proyectivas.
Requisitos	-Tener acceso a todos los sujetos, o a la muestra que se seleccione. -Disponer, en su caso, de entrevistadores.
Ventajas	-Tenemos acceso a dimensiones emocionales y no verbales que difícilmente se pueden medir en una entrevista escrita (encuesta). -El lenguaje se puede adaptar a cada entrevistado, con lo que deja de ser una barrera como puede serlo en pruebas escritas.
Dificultades	-Que el sujeto entrevistado no esté cómodo en la entrevista, o el espacio no sea idóneo. -Que el estímulo-entrevistador condicione las respuestas del entrevistado. -Exige preparación y experiencia.
Edad	A partir de 12 años.

Técnica	Sociometría
Descripción	-Es una técnica para la investigación de determinados aspectos de la estructura de las relaciones sociales en el interior de los grupos, sobre todo las referidas a roles y comportamientos informales. -En un principio nació para medir el liderazgo efectivo y afectivo, así como la cohesión social en los grupos, pero posteriormente también se ha utilizado para medir la prosocialidad, la cooperación intragrupal, liderazgos axiológicos y otro tipo de variables relacionales.

Requisitos	-Tener opción de hacerlo en el grupo o grupos objeto del proyecto de investigación. -Para medir el cambio lo necesario es hacerlo al comienzo y al final del proyecto, y así medir la variación en las relaciones internas grupales vinculadas a los objetivos de la investigación.
Ventajas	-Sabemos de antemano cómo es un grupo, lo que permite adecuar mejor el objetivo y proceso con el mismo e intervenir de forma especial en sujetos solitarios (no elegidos por nadie), aprovechar la fuerza de los líderes, así como integrar a los subgrupos o satélites grupales. -El resultado es anónimo, no se revelan los nombres de los sujetos, incluso no hace falta revelar al grupo el mapa de relaciones si no es necesario.
Dificultades	-No tendría sentido hacerlo en grupos que han interactuado poco (no se conocen bien) o que han sido modificados recientemente (fusiones, divisiones...). -La *dimensión* por la que se pregunta debe ser conocida por los sujetos y no dar lugar a interpretaciones distintas. -Por lo demás, la técnica es fácil de aplicar y de interpretar.
Edad	A partir de 12 años.

Técnica	**Panel, Experimento y Cambio Social**
Descripción	Consiste en medir un objeto de investigación, formado por sus dimensiones y conceptos en, al menos, dos momentos temporales o espaciales distintos y respecto a las mismas propiedades, ayudándose de la observación o de la encuesta. Capta *lo que cambia* y *lo que permanece*, *describiéndolo* y además también *explicándolo* (causas y consecuencias).

Requisitos	-Aplicado a objetos de investigación donde el cambio o evolución sea relevante en el tiempo para encontrar claves de transformación y mejora de la realidad. -También puede aplicarse con variaciones en el espacio: cómo una misma realidad en esencia varía en algunas dimensiones cuando está en espacios diferentes. -Acotar bien el objetivo y marco de investigación *controlando que las variaciones no sean producidas por causas ajenas o externas* a las dimensiones cuya variación deseamos medir.
Ventajas	-Nos permite descubrir las causas de los cambios, así como hacer predicciones. -Permite introducir controladamente variables o estímulos entre una medida y otra, para comprobar qué influencia tienen sobre el objeto de investigación.
Dificultades	-Requiere más tiempo de estudio y análisis. -Necesidad de realizar cada una de las mediciones sobre la misma realidad u objeto de la investigación (personas, lugares, etc.) sin grandes modificaciones en el mismo. -Necesidad de definir con precisión el marco y objeto de investigación desde las dimensiones o variables clave que lo condicionan, sin importantes influencias externas no controladas.
Edad	-A partir de 6 años, con investigaciones sencillas de cambios y variabilidades, es posible investigar y hacer pequeños experimentos sociales.

Una vez vistas y conocidas las principales herramientas de investigación social, ya estamos preparados y tenemos una *base suficiente o masa madre*, tanto para elaborar nuestras propias técnicas y dinámicas, cuanto para comprender mis propuestas creativas y originales, que están hechas como *recetas usando estos ingredientes básicos*, mezclándolos entre ellos, deconstruyéndolos, actualizándolos o, de forma más sencilla, simplificándolos para hacerlos más amigables y útiles para nuestras pretensiones.

Rincones y espacios de bienestar

El objetivo de esta investigación va a consistir en identificar rincones y espacios de bienestar en nuestro entorno. Tras dicha identificación, podremos ir más allá al *identificar las claves de los sitios que nos transmiten más bienestar, como criterios de mejora de los lugares que nos transmiten menos bienestar.*

Las variables de *observación participante* a través de los sentidos que vamos a establecer van a ser las siguientes:

1. Bienestar VISUAL. Lugares que sean agradables a la vista, que nos provoquen admiración y experiencias estéticas de belleza y asombro.
2. Bienestar AUDITIVO. Lugares cuyos sonidos sean agradables y relajantes, que nos induzcan y transmitan sensaciones de tranquilidad y paz.
3. Bienestar CINESTÉSICO. Lugares que se nos hagan agradables a los otros sentidos, como el olfato, que tengan olores naturales y agradables. También al tacto y la ergonomía, si por ejemplo tienen bancos, que tengan respaldo y sean de materiales cómodos al contacto con nuestro cuerpo. Así mismo agradables al caminar por ellos, que no sean tortuosos o estén libres de peligro de tropiezo, etc.

Para cada una de las tres variables, podemos establecer una puntuación en una escala o rúbrica de observación-experiencia sensorial, tras estar en ellos un rato suficiente experimentando de forma consciente cada una de las variables. Lo mejor es que se haga en grupo, y que cada investigador-experimentador, rellene su escala en un continuo de 1 a 4 en cada variable, usando una ficha-plantilla, por ejemplo, como la siguiente para cada uno de los lugares:

Descripción del espacio a observar:			
Ubicación del lugar donde está:			
Valoración	VISUAL	AUDITIVO	CINESTÉSICO
(1) Transmite malestar			
(2) Transmite poco bienestar			
(3) Transmite aceptable bienestar			
(4) Transmite mucho bienestar			

La investigación se podría completar incluso *preguntando a las personas que están en ese lugar*, por las tres variables. En toda entrevista, es importante presentarse, y decir sobre lo que le vamos a preguntar y para qué estamos haciendo este trabajo / investigación, indicando, en este caso, que los datos son totalmente anónimos. Y al final, siempre dar las gracias por su colaboración:

Buenos días / tardes, estoy haciendo un pequeño trabajo de investigación acerca del bienestar que transmite este lugar donde estamos. ¿Podría contestarme de forma breve a tres preguntas que le voy a hacer sobre ello?

1. *¿En qué medida diría usted que este lugar es agradable a la VISTA?* Muy agradable / Aceptablemente agradable / Poco agradable / Nada agradable.
2. *¿En qué medida diría usted que este lugar es agradable para el OÍDO?* Muy agradable / Aceptablemente agradable / Poco agradable / Nada agradable.
3. *¿En qué medida diría usted que este lugar es agradable para otros sentidos como el OLFATO y el TACTO al caminar o sentarse?* Muy agradable / Aceptablemente agradable / Poco agradable / Nada agradable.

Mediante esta investigación caeremos en la cuenta acerca de cuántos lugares, dentro del entorno que acotemos (el barrio, una institución o edificio, una calle, una pequeña población) realmente son lugares de paz, tranquilidad y bienestar, en *un mundo demasiado contaminado* acústicamente, visualmente, así como desde otras sensaciones.

Al investigar con esta sencillísima herramienta, estamos *conociendo aspectos de la realidad que antes ni veíamos*, estamos sacando a la luz las fortalezas y debilidades de una zona de convivencia social y su capacidad para garantizar una necesidad / derecho de las personas a vivir en paz y armonía con el entorno.

Y por supuesto, estamos *aprendiendo a mirar de forma más profunda y crítica los lugares*, a tomar conciencia de los que nos hacen bien y los que nos aturden y saturan los sentidos. Estamos *aprendiendo algunas claves para poder diseñar y transformar lugares* que transmiten tensión, inquietud, saturación sensorial, en lugares mejores para estar y saborear la vida.

Probabilidad, posibilidad y prosocialidad

¿Cómo podemos ayudar, qué podemos hacer? Es una pregunta que muchas veces nos hacemos cuando sentimos ese deseo de "ser personas para los demás" de hacer algo por los demás. Pero muchas veces se queda en un bonito sentimiento o deseo que no pasa a la acción, sencillamente porque no tenemos una idea clara de concreción de esa ayuda. Porque ayudar no es sólo querer hacerlo, sino también *saber cómo y dónde hacerlo*.

El objetivo de esta investigación va a consistir en *elaborar en equipos de trabajo una serie de repertorios de comportamientos prosociales en situaciones concretas* donde sea interesante y relevante hacerlo, con el fin de canalizar mejor los buenos deseos de ayudar a los demás que tiene la mayoría de la gente, y que muchas veces no expresa porque no tiene orientaciones y alternativas, una buena y detallada información prosocial. Por tanto *no vamos a investigar la probabilidad* de que la gente sea más o menos prosocial, *sino la posibilidad* de que realmente lo sea, y lo sea más, *lo que aumentará la probabilidad* de ayudar.

Por ejemplo, yo estoy escribiendo esta técnica justo en el momento en que en España, mi país, ha caído una nevada impresionante como nunca se había visto, que ha supuesto una paralización durante varios días de la actividad de transporte, el trabajo, los colegios, etc. Y además, todo ello unido a la pandemia por Coronavirus que vivimos. Estamos a 11 de enero de 2021, y veo con frecuencia en los medios de comunicación llamadas a la población en clave prosocial, como estas:

a) *Facilitar las labores de los servicios municipales* para retirar la nieve de las calles, no saliendo a la calle a pasear o jugar, quedándonos en casa.
b) *Ayudar en la retirada de la nieve en el entorno de nuestra casa o residencia*, siempre que tengamos medios y protección adecuada, o sencillamente poniendo a disposición de la comunidad la sal doméstica que tengamos en casa.
c) *Facilitar el tránsito a los servicios de emergencias* así como los desplazamientos de personas que hacen trabajos esenciales, sanitarios, comercios de alimentación, etc.
d) *Evitar caídas y fracturas que colapsen las urgencias hospitalarias*, así como los recursos de traslado al hospital en situación complicada de hielo y nevada.
e) *Organizando grupos de ayuda especiales*, como el grupo de coches todoterreno 4x4 que se organizó en Madrid (España) para traslados a hospitales y personal sanitario mientras duró la nieve en las carreteras.

Son ejemplos muy concretos de comportamientos prosociales, pero seguro que hay muchos más, y *estoy casi seguro que el ayuntamiento no tiene un repertorio de consejos / comportamientos prosociales de la ciudadanía*, sino que van surgiendo sobre la marcha. Seguro también que *la mayoría de los centros educativos no han trabajado estos comportamientos en situaciones de emergencia climática* como la que estamos. Bien, pues aquí tenemos un caso de **necesidad de investigar** para sensibilizar a la población y mejorarnos a todos y a nuestras comunidades y pueblos.

Comencemos definiendo bien lo que es un *comportamiento prosocial*, dado que este concepto es lo que vamos a buscar en sus diferentes dimensiones y manifestaciones concretas. La conducta prosocial se define como *todo comportamiento positivo y proactivo cuyo objetivo es ayudar a alguien que tiene una necesidad*. La conducta prosocial, lógicamente, *es lo contrario de la conducta antisocial*: pasar de los demás, ir contra las normas, hacer daño físico o verbal a otros, acosar, etc. La buena noticia, según los expertos investigadores/as en conducta prosocial, es que las personas, a medida que son más prosociales, también son menos antisociales, es decir, que *la práctica regular de la conducta prosocial nos hace más prosociales, dado que nos reporta, entre otras cosas, más beneficios psicológicos y bienestar individual y social* en general.

Vamos a descubrir cuáles son las 3 dimensiones en que podemos agrupar la conducta prosocial, que serán nuestras guías o parámetros de investigación, nuestro *marco perceptivo*, así como sus comportamientos concretos asociados, para después poder promoverlos. Es decir, no vamos a investigar si la gente es más o menos prosocial en un determinado lugar o situación, sino *cómo la gente puede ser más prosocial en ese lugar o situación, ofreciendo pistas para ello* con repertorios de posibilidades. La conducta prosocial puede segmentarse en tres dimensiones o variables:

1. Ayuda física.
2. Ayuda psíquica.
3. Ayuda social.

Vamos a conocerlas con más detalle y comprenderlas mejor, cuando veamos los comportamientos asociados a cada una de ellas:

Comportamientos tipo de AYUDA FÍSICA

-Reforzar físicamente a alguien que lleva algo pesado
-Ayudar a caminar o trasladar a alguien impedido
-Prestar y compartir cosas y materiales
-Ceder el uso del asiento o de algo a alguien
-Dar información útil a alguien que no sabe ir a algún sitio o está perdido
-Devolver objetos perdidos

Comportamientos tipo de AYUDA PSÍQUICA

-Consolar a alguien que está pasando un mal momento
-Animar y motivar a alguien en alguna tarea o reto
-Felicitar y reforzar positivamente a alguien que ha hecho algo bien o ha conseguido algo difícil
-Escuchar a alguien que necesita hablar o contar algo
-Mostrar comprensión y empatía, poniéndonos en el lugar del otro
-Explicar a alguien algo que no sabe

Comportamientos tipo de AYUDA SOCIAL

-Cumplir las normas que nos hemos dado para convivir y lograr objetivos juntos
-Facilitar el logro de objetivos colectivos o compartidos mediante la actitud y comportamiento de cada cual
-Denunciar las injusticias y los comportamientos lesivos o contrarios a los derechos humanos
-Mediar en los conflictos entre personas que han perdido la capacidad de diálogo: ayudarles a hablar
-Participar en proyectos de voluntariado y de beneficio a la comunidad
-Todo lo relacionado con el consumo responsable y el respeto y cuidado del medio ambiente

Ahora que ya sabemos más acerca de los tipos de comportamiento prosocial, ya tenemos todo lo que necesitamos para investigar dichos comportamientos en una variedad de situaciones o ámbitos donde sea relevante y necesario hacer propuestas de repertorios prosociales, con el fin de *mejorar la convivencia en dichos entornos*, así como a las personas que los habitan, al darles pistas para la prosocialidad.

Recuerdo aquí una idea que me parece clave y ya he mencionado: *muchas veces no ayudamos, o no ayudamos más, porque no sabemos cómo hacerlo*, sencillamente. Y no se trata de empezar a criticar y culpar a la gente por lo que no hace, o no deja de hacer, sino de *ser más propositivos y motivar a la acción prosocial ofreciendo ideas y posibilidades*. No olvidemos que, como en toda capacidad o habilidad, ayudar implica no sólo querer hacerlo, la actitud, sino también *saber hacerlo y poder hacerlo*, la posibilidad. Pues bien, el objetivo de esta investigación es *aumentar las posibilidades de ayudar*, para poder canalizar la ayuda de los que sí quieren ayudar, pero no saben cómo, aumentando así la probabilidad de ayudar.

Las posibilidades de investigación de conductas prosociales son muchas, y en cualquier caso, siempre nos ayudarán a descubrir más formas de ayudar, más tipos de ayuda, y con ello poder potenciarlas en otros. Para terminar ofrezco una lista de posibles campos o ámbitos donde buscar más posibilidades de comportamientos prosociales, orientados por lo que llamamos los sociólogos "las preguntas de la investigación":

- *Una competición deportiva*: ¿Qué significa ser prosocial en la cancha, tanto con tu equipo como con el equipo contrario?
- *La pandemia por Coronavirus*: ¿Qué significa ser prosocial en las zonas o espacios de ocio y encuentro de amigos?
- *Emergencias climáticas por nevadas con paralización de transportes*: ¿Qué significa ser prosocial en tu comunidad de vecinos, en tu zona de residencia, en tu población o en el supermercado?
- *Un aula o espacio compartido de estudio y aprendizaje*: ¿Qué significa ser prosocial de cara a facilitar el aprendizaje y desarrollo de todos y todas?
- *El congreso o senado de tu país o municipalidad*: ¿Qué significa ser prosocial en los debates y trabajos parlamentarios de una democracia? ¿Qué es un discurso prosocial y responsable a la ciudadanía?

¿Qué técnicas de investigación usaremos para encontrar esos comportamientos prosociales en cada ámbito de análisis? Bien, podemos usar varias herramientas sociológicas, como las tres siguientes:

- *Focus-group:* se trata de una reunión con una muestra de personas habituales en esos ámbitos, a las que preguntamos acerca de ideas y sugerencias, o experiencias de ayuda en los mismos.
- *Análisis de contenido*: podemos investigar los mensajes y noticias que se han dado en medios y redes sociales, relacionados con ayudar en dicho ámbito, incluso productos comunicativos ya elaborados.

- *Observación participante*: podemos incluso introducirnos en dichos lugares, como uno más, con la idea de observar, hablar con la gente, y de este modo detectar en primera persona dichos comportamientos prosociales.

Impronta maestra colectiva

Más de una vez hemos escuchado que hay personas que dejan huella, personas cuyas cualidades y rasgos han marcado especialmente nuestras vidas. Y nos referimos, claro está, a una impronta positiva, porque las huellas de personas tóxicas o negativas para nuestras vidas, solemos borrarlas al cabo del tiempo, bien individualmente o en procesos de terapia. Estas huellas no son tan profundas y vivas como las de las personas que nos han construido y modelado en positivo, por las razones que descubriremos aquí.

El concepto de impronta viene de *improntare*, que significa estampar, imprimir. El diccionario de la RAE define impronta como reproducción de imágenes en hueco o de relieve, *en cualquier materia blanda o dúctil*. Interesante esta parte, porque me lleva a pensar que pasar ser improntados o modelados debemos estar *abiertos y flexibles, receptivos al aprendizaje* de los buenos maestros y maestras de nuestras vidas.

También se define impronta en la RAE como *marca o huella que, en el orden moral, deja una cosa en otra*. Veremos más adelante, que la *dimensión axiológica* es clave en la impronta social. Finalmente, desde la etología, se define como *proceso de aprendizaje* que tiene lugar en los animales jóvenes durante un corto período de receptividad, del que resulta una forma *habituada o modelada* de reacción frente a un reto, estímulo o problema.

Como vemos en la definición, el concepto de impronta es *sinónimo de huella*, estampación, modelado, señal, marca o grabado. Pues bien, el objetivo de esta investigación va a consistir en compartir y describir los rasgos de una *impronta colectiva referida a un determinado rol o profesión* que sea de interés especial para los participantes. En este sentido, hablaremos de profesor/a, amigo/a, jefe/a, compañero/a, etc.

Desde sus propias experiencias como *personas improntadas* por otras personas que considerarían "maestras" en ese rol, función o profesión, van a compartir las características de sus huellas, de cara a elaborar un producto final a modo de perfil del maestro/a en ese rol, que será muy útil después para diversas aplicaciones que comentaré al final.

La *búsqueda inicial* de esas personas maestras en el rol que nos han dejado huella, requiere unas *condiciones previas* de cierta actitud de silencio, *reflexividad personal,* tiempo para pensarlo, es decir, un clima adecuado del que también participa *el lugar físico* donde haremos este primer ejercicio de búsqueda. Estas condiciones idóneas también forman parte de la investigación, en el sentido de facilitarnos *inputs relevantes y válidos.*

En la introducción a este primer ejercicio, conviene hablar brevemente de lo que es la impronta, la huella que otros dejan en nosotros, etc. Todo ello irá facilitando un clima adecuado, al que también puede aportar una música tranquila.

En este clima de recogimiento y disposición a la *búsqueda por el interior y por los recuerdos de cada cual*, pedimos a los participantes que piensen una persona (profesor/a, jefe/a, compañero/a) que especialmente les haya marcado de forma especial y positiva en sus vidas. Si estamos buscando la impronta maestra del profesor/a ideal, diremos que piensen en ese profesor/a que les marcó especialmente de forma positiva, a quien les gustaría encontrarse un día y decirles lo mucho que les ayudó, etc.

Entonces pedimos a cada cual que escriba en 5 notas adhesivas, las 5 cualidades o rasgos de esa persona especial que dejó huella en él/ella, es decir, que trate de resumir o describir a esa persona en una lista de 5 características, usando las palabras o expresiones que quiera, una en cada nota adhesiva.

Una vez que todos tengan sus notas adhesivas escritas, las vamos a ir *situando y compartiendo en nuestro marco de organización y análisis de los datos*, que será un lienzo formado por 3 columnas, que representan las tres dimensiones de la impronta que los demás dejan en nosotros:

a) *La dimensión de las capacidades y habilidades.* Son personas realmente valiosas en su rol o profesión porque son muy capaces y hábiles, muy competentes, creativas y audaces.

b) *La dimensión afectiva y relacional.* Son personas cercanas y amables, a las que realmente les importas, te aprecian y te apoyan afectivamente, de manera respetuosa y humanista, sin intenciones oscuras o desvirtuadas.

c) *La dimensión valorativa y axiológica.* Son personas íntegras, con valores sociales, humanos y profesionales, honestas, coherentes y prosociales, realmente interesadas en hacer felices a los demás y en mejorar el mundo, son buenas personas.

Es importante que *estas tres dimensiones no estén visibles ni las conozcan los participantes antes de hacer el ejercicio primero de las 5 cualidades* o rasgos, ya que ello restaría espontaneidad y veracidad a esos datos iniciales. Por tanto sólo se explican y revelan en su momento, una vez que todos tienen sus 5 notas adhesivas escritas.

Explicadas estas tres dimensiones generales de la *impronta maestra* que otros dejan en nosotros, ahora pedimos a cada cual que vaya situando sus rasgos, cualidades y características de su mentor o maestro según considere que pertenecen a una de las tres características. En caso de duda por situar alguna de ellas, le ayudamos entre todos, o le pedimos que explique un poco más y la reescribimos.

El producto final será, entonces, la descripción compartida y colectiva de esa impronta maestra a partir de nuestras propias experiencias y vivencias, que no es poco. Con este material, podemos hacer muchas cosas, nos puede ser muy útil para:

1. *Compararlo con el perfil institucional* u oficial de ese rol, definido por la organización, y ver hasta qué punto se parece, y si sería conveniente revisarlo, completarlo, etc.

2. *Elaborar un plan de formación y socialización* de nuevos candidatos o aprendices del rol, basado en los rasgos y características del *perfil de impronta* que hemos hecho.
3. *Transformar los datos de rasgos y cualidades en ítems para elaborar instrumentos de investigación* acerca del perfil, como encuestas, instrumentos de autoevaluación, entrevistas de seguimiento del rol, procesos de coaching, etc.
4. *Elaborar productos de comunicación motivadores,* como un decálogo del maestro/a en ese rol, un vídeo, un artículo en una revista o periódico, o un post en redes sociales.

De forma complementaria, y también independiente, de todas estas utilidades, estoy convencido por mi experiencia como facilitador, que el hecho de haber realizado esta dinámica de investigación o pre-investigación colectiva, *habrá resultado muy positiva, motivadora y aprovechable para los y las participantes* en la misma.

La ventana de cohesión grupal

La mejor forma de saber si trabajamos bien en equipo o no, si nuestros grupos humanos cooperativos están cohesionados o fragmentados, es fijarnos en los comportamientos de nuestras reuniones y encuentros de equipo. En este sentido hay dos tipos de comportamientos que configuran el *mapa de fuerzas del equipo*, y que conviene tener en cuenta:

1. Comportamientos centrípetos. La práctica de estos comportamientos hará que el equipo los vaya integrando y que entre en lo que se conoce como "ciclo de desarrollo", una espiral hacia arriba tipo tornado que hace crecer y dar fortaleza al equipo.

2. Comportamientos centrífugos. Estos generan que el equipo vaya acumulando tensión y disgregándose, de tal forma que entra en un proceso o "ciclo regresivo" tipo desagüe o remolino de agua, hacia abajo.

Vamos a ver algunos de estos comportamientos de los dos tipos para que vayamos pensando en nuestros equipos:

Comportamientos **centrípetos**	Comportamientos **centrífugos**
Alentar y animar a los demás	*No motivar o hablar sólo de inconvenientes y problemas*
Hacer reconocimientos y elogios	*No reconocer las aportaciones y esfuerzos*
Fertilizar las ideas de otros/as	*Pensar cada cual sólo en sus ideas*

Compartir sentimientos y problemas personales	*Dejar a un lado sentimientos y vivencias personales*
Estimular a aportar y valorar ideas de todos	*Bloquear o menospreciar las ideas de los demás*
Compartir información valiosa y útil	*No compartir o negociar con la propia información*

Bien, pues una vez que conocemos estas dos dimensiones que configuran los roles que facilitan el trabajo en equipo (comportamientos centrípetos) y los roles que dificultan o fragmentan el trabajo en equipo (comportamientos centrífugos), vamos a investigar, en primer lugar, dichos tipos de comportamientos desde nuestra experiencia cotidiana en el equipo o grupo que participamos y que nos reúne habitualmente.

Pero antes es preciso hacer una aclaración importante acerca del concepto comportamiento: lo vamos a definir como *toda conducta verbal o no verbal directamente observable e identificable*. Cuando investigamos es esencial definir bien lo que queremos observar y buscar, porque en este ejercicio es normal que nos vengan a la mente palabras como estas: *prepotencia, superioridad, autoritarismo, negativismo*, etc. Todas estas palabras con carga valorativa son en realidad "actitudes", y no *comportamientos concretos observables*.

Si aparecen este tipo de conceptos o palabras, que aparecerán, debemos preguntarnos entonces: ¿En qué se nota, o cuándo podemos afirmar que una persona se comporta de manera prepotente, con superioridad, autoritaria o negativista? De este modo encontraremos y definiremos con más exactitud los comportamientos que buscamos.

Una vez que cada cual tenga *escritos ambos tipos de comportamientos en notas adhesivas de dos colores*, por ejemplo, amarillo para los centrípetos, y naranja para los centrífugos, vamos a situarlos, unos y otros, centrípetos y centrífugos, en una *ventana de cohesión grupal*, que estará dibujada en un panel grande o papel continuo. La ventana tendrá cuatro cuadrantes, que combinarán dos variables:

1. *Centrípeto & centrífugo*. Variable ya explicada acerca de comportamientos centrípetos que facilitan la cohesión socio-grupal, y los comportamientos centrífugos, que promueven todo lo contrario, la fragmentación socio-grupal.
2. *Habitual & ocasional*. Esta es una nueva variable clave que se introducirá, sólo una vez escritos los comportamientos centrífugos y centrípetos en las notas adhesivas, y no antes, para valorar también la frecuencia con la que ocurren ambos tipos de comportamientos centrípetos y centrífugos, si son habituales u ocasionales. Esta variable nos permitirá realmente tomar conciencia del grado de cohesión & fragmentación, y tomar las decisiones oportunas de mejora.

Pues bien, *cada cual, desde su sitio*, irá *situando sus notas adhesivas en la ventana de cohesión* de equipo, al tiempo que las nombra en voz alta, y lo hará en la ventana correspondiente (centrífugos o centrípetos) y también *según considere si cada comportamiento es ocasional* (ocurre sólo de vez en cuando) *o es habitual* en las reuniones y encuentros del equipo (ocurre habitualmente, es reiterado). La ventana de cohesión grupal estará diseñada de la siguiente manera:

La Ventana de Cohesión Grupal – César Gª-Rincón de Castro (2021)

Comportamientos	CENTRÍPETOS	CENTRÍFUGOS
HABITUALES	A	B
OCASIONALES	C	D

Como producto final tendremos *una representación visual y muy gráfica de la mayor o menor cohesión de nuestro equipo* de trabajo, analizando los 4 cuadrantes A, B, C y D de la ventana, en función del número de notas adhesivas en cada uno de ellos, que significan lo siguiente:

Cuadrante A. Son los comportamientos que facilitan la cohesión, y además son habituales en el equipo. Estos son claves, y cuantos más hayan sido situados en este cuadrante, más fortaleza cohesiva tiene el grupo o equipo.

Cuadrante B. Son los comportamientos que rompen la cohesión y facilitan, por tanto, la fragmentación, y además se perciben de forma habitual, con lo que representan los verdaderos peligros para la unidad y supervivencia del grupo o equipo. Cuantos más hayan sido situados aquí, peor es el diagnóstico del equipo.

Cuadrante C. Son los comportamientos que facilitan la cohesión del equipo, pero son sólo ocasionales, tal vez cuando vienen determinadas personas que los sustentan, o tal vez cada cierto tiempo, tras una sesión de evaluación o llamado a la cohesión, pero que enseguida se disipa, no logra estabilizarlos.

Cuadrante D. Representa a los comportamientos de fragmentación que se dan de forma ocasional, con lo que realmente no tienen un impacto importante en la cohesión del grupo o equipo, si este tiene bastantes comportamientos en el cuadrante A. En realidad es normal que aparezcan comportamientos centrífugos de forma ocasional, producto de pequeños conflictos, diferencias o desacuerdos esporádicos entre sus miembros.

La investigación que hemos realizado es un paso muy importante para el grupo o equipo. Nos permite tomar conciencia, en un simple vistazo, de cómo están las cosas, y a partir de ahí, orientar las acciones y procesos de mejora que consideremos. No sólo tenemos los *datos cuantitativos* de forma muy gráfica en el número de comportamientos o notas en cada cuadrante, sino que también podemos ahondar en cada cuadrante y ver qué comportamientos concretos están escritos en las notas adhesivas del mismo, con qué lenguajes están etiquetados a modo de *datos cualitativos*.

Pero a nivel general, yo sugiero, para terminar, dos consideraciones a la luz de la ventana de datos que ha obtenido cada grupo o equipo:

1. Los equipos que gozan de *buena salud social, operativa y emocional*, son aquellos en los que hay una buena cantidad de notas en los cuadrantes A y C. Es decir, *los comportamientos centrípetos son habituales, y los centrífugos son ocasionales.*
2. De forma contraria, debería preocuparnos especialmente, si en nuestro grupo o equipo las notas o comportamientos se sitúan en su mayoría en los cuadrantes B y C, es decir, *las fuerzas de cohesión son ocasionales y las fuerzas de fragmentación son habituales.*

Sociograma de liderazgos

La sociometría está indicada para investigar la estructura informal de las relaciones dentro de los grupos, independientemente si están más o menos estructurados y organizados. Para investigar estas relaciones informales se utilizar el test sociométrico, en el que se pide a cada persona del grupo que elija a otra/s personas del grupo con las que le gustaría interactuar o relacionarse para hacer tal o cual cosa, o lograr algún objetivo concreto (*elecciones positivas*). Igualmente se puede preguntar por *elecciones negativas* en términos de rechazo, es decir, con quién no haría tal o cual cosa, o quien no elegiría.

Las preguntas, además, pueden referirse a *relaciones de hecho*, o a *relaciones deseadas*, es decir, que se puede preguntar ¿Con quién sueles tomar algo después de la clase?, pero también se podría preguntar ¿Con quién te gustaría tomar algo después de la clase? Incluso también se puede preguntar a cada persona que indique la persona o personas que, en su opinión, cree que le han elegido.

Con todos estos datos, el *sociograma* es la *representación gráfica del mapa de relaciones*, con letras asignadas a cada miembro del grupo, y flechas de diferentes formatos (unas indican elecciones unilaterales, otras recíprocas, otras rechazos unilaterales o recíprocos, y otras elecciones o repulsas esperadas por los demás). En función de los resultados aparecen parejas que se eligen entre sí, subgrupos al margen del grupo, líderes o estrellas que reciben muchas elecciones de muchas personas, personas solas que eligen a otros, pero no son elegidas por nadie, personas que sólo reciben repulsas, etc.

Las elecciones y repulsas se pueden cuantificar de forma matemática y representar en una matriz sociométrica, que por un lado tiene las elecciones hechas y por otro lado tiene las elecciones recibidas, y ellos nos permite calcular diversos índices como el estatus sociométrico (SS) de una persona, positivo (SS+) o negativo (SS-), el índice de expansión (E) de una persona, así como el índice de cohesión de un grupo (K), que resulta de dividir el número de elecciones recíprocas entre el número de elecciones recíprocas posibles en una dimensión, y el grado de integración (I) general de un grupo, que resulta de analizar todos los índices de cohesión en todas las dimensiones. Bien, como ya he comentado en alguna otra técnica, no se trata aquí de ser grandes expertos/as en sociometría, sino de utilizar estas herramientas de forma sencilla, ágil y eficaz para nuestras pretensiones.

¿Cómo la utilicé yo, y para qué me sirvió? A mí se me ocurrió que, además de los dos tipos de líderes o estrellas que plantea Jacob Moreno en su herramienta sociométrica (el afectivo y el efectivo), podría haber, y de hecho hay, otros tipos de liderazgo, como el *liderazgo prosocial o de servicio* (el que ayuda a los demás) y todos estos liderazgos se podrían visibilizar o descubrir en el sociograma haciendo las preguntas adecuadas.

Utilicé el Test Sociométrico de Moreno en varios grupos de 15 - 20 alumnos/as MBA en Escuela Europea de Negocios (Madrid, España), siendo yo profesor de Habilidades Sociales y Directivas. Mi objetivo era mostrar después *de forma privada a cada alumno/a en una entrevista personal*, su foto en el sociograma o mapa de elecciones de los liderazgos, lógicamente *sin revelar los nombres de los demás*, y planteando sólo elecciones, pero no rechazos.

Hago un inciso importante para subrayar la *relevancia de la dimensión ética de la investigación y el investigador con esta técnica*: dado que estamos pidiendo a las personas que escriban en un papel sus simpatías y antipatías por los demás del grupo, *estos datos han de tratarse y garantizarse con la máxima discreción y privacidad.* La revelación o extravío accidental de los mismos, podría incurrir en un delito contra la intimidad y privacidad de las personas. Esta es una de las razones por las que el test sociométrico no goza de mucha utilidad y popularidad en la actualidad. Este problema puede preverse y solucionarse, desde mi experiencia facilitando el sociograma, teniendo en cuenta cuatro aspectos:

1) *Enfocándose sólo en relaciones e interacciones positivas*, en elecciones, pero no preguntar nunca por rechazos o repulsas.
2) *Garantizando públicamente la buena fe del objetivo de la investigación*, y que en ningún caso van a salir a la luz nos nombres de las personas que hay detrás de las letras del sociograma.
3) *Consensuando la técnica previamente con todos los miembros del grupo*, como algo que va a ayudar a

cada cual y al grupo a mejorar. Si se ve necesario, incluso, puede firmarse por escrito.

4) *Hacer el sociograma en papel,* con lápiz y/o bolígrafo, y no en formato electrónico, así como *no tener en la misma libreta o carpeta la lista con los nombres y letra asignada a cada cual y el sociograma resultantes:* mejor por un lado la lista con nombres y letras, y por otro el sociograma, de modo que si se extravía uno de los dos por separado, garantizamos igualmente la privacidad.

Ciertamente, en mi caso, *fue una herramienta de gran ayuda* para los alumnos y alumnas, porque *tomaron conciencia de su capacidad de liderazgo en un grupo clase*, y esta evidencia era una información muy útil para su futuro profesional, sobre todo los que eran poco / nada elegidos por el resto: estas personas deberían hacer un esfuerzo mayor por integrarse en el grupo y aportar desde sus cualidades a los demás en el futuro, cuando trabajen en una empresa. Todos me agradecieron el ejercicio, porque les ayudó mucho a conocerse mejor y a tomar conciencia de su actitud y su rol en un grupo.

Estos son ejemplos de preguntas que se podrían plantear para medir estos 5 liderazgos, y que fueron los que yo medí en su momento, pidiendo que escribiesen dos nombres de personas del grupo por cada pregunta:

• *Emocional-afectivo:* ¿Con quién te irías de viaje? ¿Con quién compartirías piso?
• *Efectivo-resolutivo:* ¿Con quién harías un trabajo? ¿Con quién organizarías un seminario?

- *Prosocial-altruista:* ¿A quién pedirías ayuda para algo? ¿Quién se implicaría en algo solidario contigo?
- *Ético-responsable:* ¿A quién le puedes contar algo confidencial? ¿A quién le dejarías las llaves de tu casa?
- *Innovador-creativo:* ¿Con quién harías algo creativo? ¿A quién le pedirías ideas novedosas para algo?

En realidad, los 5 liderazgos son una mezcla de lo afectivo y lo efectivo, pero creo que *afinan más a la hora de las elecciones*, y es probable que personas que no resulten elegidas sólo con dos opciones, sí que pueden ser elegidas si damos 5 posibilidades, lo que hace el test más fiable, y más útil también. De hecho así sucedió en los varios grupos en que facilité el ejercicio.

Lo interesante es que, más allá de lo que esta técnica puede aportar individualmente a cada miembro del grupo, pude comprobar que *los grupos mejores, más activos, trabajadores y responsables, son aquellos que tienen más distribuidos todos estos liderazgos*, y que los grupos más polarizados y con más dificultades de comunicación y cumplimiento de las normas, eran aquellos en los que los 5 liderazgos recaían en un núcleo reducido de personas.

Esta evidencia tras aplicar la técnica en 5 grupos distintos, en los que el liderazgo estaba distribuido horizontalmente en 3 de ellos, y centralizado verticalmente en 2 de ellos, que además *no estaba prevista en mi objetivo inicial de investigación* para elaborar un coaching personalizado a cada alumno/a, *me hizo descubrir una nueva utilidad* para ayudar tanto a los grupos que tienen un liderazgo poco distribuido, como a la creación de nuevos grupos y equipos de trabajo teniendo en cuenta esta importante clave de liderazgos variados y distribuidos de forma horizontal.

Y es que, efectivamente, *investigar también es estar abiertos a la sorpresa* y el asombro, *escuchar a la realidad social y observarla más allá de nuestro marco teórico inicial*, ser flexibles y estar atentos para descubrir nuevas posibilidades y utilidades no previstas, y cuando esto ocurre, os puedo asegurar que es muy emocionante y satisfactorio.

Las cinco huellas de la convivencia

El proyecto de investigación social *Las 5 Huellas de la Convivencia* está pensado para que los y las participantes descubran por sí mismos esa huella humana, con el fin de hacerla más ancha y profunda allá donde lo implementemos, en cada persona y en las relaciones entre las personas. Se ha desarrollado con éxito ya en varios centros educativos, de educación formal y no formal.

Está fundamentado en tres dimensiones clave de la *educación en valores* sociales y humanos, a modo de niveles o estratos progresivos: *autoconcepto*, o identidad personal, *reconocimiento del otro*, o identidad social y *cooperación inclusiva con otros*, o identidad comunitaria. Vamos a definir y comprender más a fondo estos tres estratos, y luego veremos las cinco huellas de la convivencia, de los que estos estratos serán sus niveles de profundidad, ya que de la combinación de todos ellos, extraeremos los ítems o preguntas relevantes para nuestra investigación de dichas huellas:

a) Nivel de la *identidad personal* (YO): construir un auto-concepto ajustado y una buena autoestima para tomar decisiones responsables y vivir con dignidad.

b) Nivel de la *identidad social* (TU): reconocer al otro desde la empatía, el respeto y la tolerancia, estableciendo relaciones humanas eficaces y justas.

c) Nivel de la *identidad comunitaria* (NOSOTROS): fomentar la interdependencia positiva, la cooperación y la solidaridad de acuerdo a los derechos y deberes fundamentales.

Una vez que conocemos los tres niveles de profundidad o estratos de cada una de las cinco huellas, vamos ahora a definir y conocer dichas huellas:

La huella **cooperativa**. La cooperación social nos ayuda a integrar nuestras diferentes cualidades y talentos para lograr hacer cosas y resolver problemas, para intercambiar y completarnos.

La huella **creativa**. La creatividad nos ayuda a buscar diferentes soluciones a los problemas y a generar varias alternativas, sin actuar siempre de la misma manera.

La huella **emocional**. Los sentimientos y emociones nos informan de lo que nos gusta o no: cuando los reconocemos, expresamos y compartimos nos ayudan a ser más auténticos y seguros, y así actuar mejor.

La huella **equitativa**. La justicia y la equidad nos ayudan a equilibrar la balanza entre los derechos y los deberes que todos tenemos para el uso y disfrute de varios tipos de cosas, y así podemos valorar mejor lo que es justo de lo que no lo es.

La huella **positiva**. El lenguaje positivo nos ayuda a regular nuestro comportamiento, a valorarnos mejor y a comunicarnos de forma más eficaz con otros para resolver nuestros desacuerdos o posturas.

Conocidas y comprendidas las cinco huellas de convivencia, vamos ahora a descubrir *los 3 estratos de profundidad de dichas huellas en torno a la buena convivencia*. El más profundo siempre es el personal (nivel de la identidad personal), dado que si el mismo no se trabaja e imprime bien en cada persona, cada una de las huellas durará poco, se borrará con el tiempo. De modo que esta reflexión aconseja *comenzar por trabajar esa materia prima interior de cada cual*, para que la huella de la convivencia, así como otras huellas y acciones educativas, sea duradera en el tiempo.

El segundo nivel está formado por la relación YO-TU, por la alteridad, por esa capacidad de *reconocer al otro como una persona* con necesidades similares, con los mismos derechos y deberes, por nuestra dimensión social en definitiva. Y *el tercer nivel, sería más bien la amplitud de la huella*, implica crear redes de interdependencia e influencia mutua, lo que hace que nuestras cinco huellas de la convivencia sean más grandes, abarquen más *espacios horizontales*, junto con una buena *profundidad vertical* de las mismas en cada persona.

Huellas y estratos	Identidad personal	Identidad social	Identidad comunitaria
COOPERA-TIVA	*Identificar y mejorar las propias capacidades y valores para convivir*	*Reconocer y valorar las capacidades y valores convivenciales de los demás*	*Integrar las capacidades y valores convivenciales en proyectos compartidos*
CREATIVA	*Imaginar e idear nuevas formas de cuidado y mejora de la convivencia*	*Conocer ideas novedosas de otros para mejorar y mantener la convivencia*	*Compartir ideas novedosas para mejorar y mantener la convivencia en ámbitos sociales concretos*

EMOCIONAL	*Identificar y gestionar con éxito las propias emociones en conflictos de convivencia*	*Reconocer y escuchar las emociones en los demás en conflictos de convivencia*	*Gestionar con éxito problemas y conflictos de convivencia desde una buena comunicación emocional*
EQUITATIVA	*Aprender a valorar con equidad y justicia la igualdad y la diversidad en situaciones de convivencia*	*Reconocer en los demás sus derechos, deberes, y necesidades con criterios de igualdad y diversidad*	*Buscar acuerdos justos, con criterios de igualdad y diversidad, en situaciones de convivencia social*
POSITIVA	*Construir un auto-concepto positivo de uno mismo, pero ajustado a la realidad y aceptado*	*Valorar positivamente a los demás de forma preferente, pero basada en la realidad*	*Trabajar juntos en positivo, desde las fortalezas comunes, para mantener y acrecentar la convivencia*

Me veo en la obligación de *explicar el concepto de igualdad y diversidad* que aparece en los objetivos de la huella equitativa en torno a los tres estratos: se refiere a los *principios de igualdad y diferencia* de John Rawls, en su conocida obra llamada "Teoría de la Justicia". Lo que viene a decir Rawls es que, *siendo todos iguales en derechos y deberes* (principio de igualdad), *no todos necesitamos lo mismo en todas las situaciones y momentos de nuestra vida* (principio de la diferencia). Dicha diferencia viene determinada por variables de *espacio* (lugar o situación social) y *tiempo* (momento histórico o vital).

Por tanto, la virtud de la justicia consiste, entre otras cosas, en valorar y distribuir de forma inteligente, en cada situación (*convivencial* en nuestro caso), ambos principios, hasta el punto que los marcos normativos concretos (los que se derivan de los marcos de derechos y deberes generales, o de primer orden), debieran tener cierto margen de flexibilidad e interpretación, según los casos. Por ejemplo, la llamada *discriminación positiva* que implica privilegios para un tipo de personas por el hecho de compartir una necesidad, privación o carencia común que requiere una actuación especial, está fundamentada, precisamente, en una justicia social aplicada desde los principios complementarios de igualdad y diferencia.

Llegados a este punto, y habiendo comprendido todo el marco previo de las 5 huellas de la convivencia, que combinadas con los 3 estratos de la huella pedagógica-evolutiva de cada persona, nos planteamos la gran pregunta: *¿Qué investigar y cómo investigar?*

Mi propuesta con este marco referencial es investigar conflictos y problemas de convivencia en determinados ámbitos sociales, para identificar qué huella/s están fallando, y además en esas mismas huellas, qué estrato es el problemático, si el de las propias personas como tal (estratos 1 y 2, el YO y el reconocimiento del TU), el de las relaciones e interdependencias entre las personas (el NOSOTROS COMUNIDAD), o ambos. La identificación de la huella/as más débil, así como el estrato/s menos improntado o desarrollado, *nos marca el camino de la solución y mejora* de dicha convivencia, ahorrando tiempo, energía y recursos.

Para ello propongo un sencillo test de razones o causas hipotéticas que podrían estar en el origen del problema de convivencia compartido y/o percibido por todos los actores sociales, que de una u otra forma, participan del mismo (como observadores o actores). En cada una de estas razones deben valorar en una escala, desde su punto de vista, el grado de influencia aproximada que dicha causa tiene en el problema o conflicto de convivencia, siendo 4 = mucha influencia, 3 = bastante influencia, 2 = cierta influencia y 1 = escasa influencia. De tal forma que tendremos 15 ítems, 3 por cada estrato en cada una de las 5 huellas:

Señala en qué medida consideras que el conflicto o problema de convivencia que vamos a valorar, está influenciado por las siguientes razones, siendo 4 = mucha influencia, 3 = bastante influencia, 2 = cierta influencia y 1 = escasa influencia.

Posibles causas o razones del conflicto	Grado influencia			
	4	3	2	1
1. Las personas no tienen adquiridas las capacidades y recursos para convivir				
2. Las personas no aprecian en los demás sus capacidades y recursos para convivir				
3. Las personas no aportan sus habilidades y recursos para convivir cuando trabajan juntas				
4. Las personas no tienen imaginación para resolver las diferencias de otras formas				
5. Las personas no escuchan las soluciones y alternativas nuevas propuestas por otros				
6. Las nuevas ideas y alternativas para solucionar problemas al final no se aplican colectivamente				
7. Las personas no son conscientes de sus sentimientos y no saben gestionarlos				
8. Las personas no reconocen o no tienen en cuenta los sentimientos de los demás				
9. En el grupo no se puede hablar de forma abierta, sincera y respetuosa de sentimientos				
10. Las personas no tienen criterio a la hora de valorar lo que es justo o injusto en cada caso				

11. Las personas no tienen en cuenta el criterio y la situación de los otros a la hora de valorar				
12. En grupo no somos capaces de lograr acuerdos válidos con criterios de justicia y valores				
13. Las personas no tienen un auto-concepto positivo y ajustado o realista de sí mismas				
14. Las personas no valoran de forma positiva y realista las cualidades y éxitos de los otros				
15. En grupo nos cuesta trabajar en positivo, evitar juzgar y señalar preferentemente el fallo o error				

Como podrá intuirse, *los ítems están agrupados de tres en tres por cada una de las huellas*. Y además en cada bloque de tres ítems, el primero corresponde al YO, el segundo al TÚ y el tercero al NOSOTROS. Lo podemos ver en las tablas siguientes, que también nos servirán para trasladar y analizar los resultados:

Huella	Cooperativa	Creativa	Emocional	Equitativa	Positiva
Ítems	1 a 3	4 a 6	7 a 9	10 a 12	13 a 15
VALOR					

En la fila "valor" trasladamos la *suma de las puntuaciones obtenidas en cada bloque de tres ítems*. El máximo puede ser 12 y el mínimo 3. *Cuanta más puntuación en una huella, más influye la misma en el conflicto*, y por tanto más crítica y necesaria su socialización y revisión es.

El cuadro siguiente nos servirá para identificar y trasladar los datos por niveles o estratos:

Estratos	YO	TU	NOSOTROS
	Identidad personal	Identidad social	Identidad comunitaria
Ítems	1,4,7,10,13	2,5,8,11,14	3,6,9,12,15
VALOR			

En la fila "valor" trasladamos la *suma de las puntuaciones obtenidas en los 5 ítems indicados,* que corresponden con los diferentes niveles de profundidad de cada huella. El máximo en este caso puede ser 20 y el mínimo 5. *Cuanta más puntuación en una dimensión o estrato, más influye este en el conflicto,* más está en la causa del mismo y por tanto más crítica y necesaria será también su revisión.

De forma que podemos hacer dos tipos de análisis con los *datos obtenidos desde la percepción de todos actores / espectadores del problema de convivencia* que realicen este test:

a) *Análisis de amplitud*: determinar qué dimensión o dimensiones, de las cinco huellas de la convivencia, son las más críticas o débiles, para iniciar por ahí el proceso de reconstrucción convivencial.
b) *Análisis de profundidad*: determinar cuál de los tres estratos o niveles (YO, TU, NOSOTROS) es el más débil o crítico también, para fortalecerlo.

Rupturas y suturas psicosociales

Hace tiempo que imaginé el trabajo social y prosocial, tanto profesional como desde el voluntariado, conceptualizado a partir de la identificación y el restablecimiento de una serie de conexiones claves que, en los casos de necesidad, pobreza o privación humana de muchos tipos, estaban desconectadas en diferentes grados de distancia de sus extremos complementarios y necesarios entre sí, a modo de funciones claves que dan consistencia y equilibro a las realidades humanas.

Lo sistematicé en una dinámica con diez parejas de tarjetas, distribuidas al azar, de tal forma que los participantes debían ser capaces por sí mismos de agruparse en parejas lógicas de dichos pares de palabras, y explicar de qué forma percibían ellos y ellas en la sociedad o en su entorno la mayor o menor ruptura o brecha entre ambas, así como alguna idea de qué hacer para aproximarlas con algunos puntos (acciones o proyectos) de sutura social. Dicha dinámica fue facilitada en varios cursos de formación de educadores/as en la solidaridad, y sobre todo, durante 4 años en un módulo que impartí en el marco de un curso universitario en la Universidad de Andorra (España) entre los años 2014 y 2018.

Más allá de dicha utilidad como dinámica de sensibilización y reflexión, incluso a partir de la misma, podemos utilizar estas variables o ámbitos de fragmentación social como regla o instrumento de medida intuitivo para identificar qué elementos funcionales claves están más rotos, fragmentados o descosidos en un determinado ámbito o proyecto de actuación social y prosocial, y de ese modo identificar mejor los caminos y objetivos estratégicos para *reparar dicho tejido social*. Creo que puede ayudar a ver la realidad social problematizada y fragmentada de una nueva manera, con una idea metafórica global, afinando en el diagnóstico y el tratamiento reparador adecuado, y por consiguiente, a idear nuevas formas de ayuda que suelen surgir desde las nuevas perspectivas o marcos de análisis de la realidad social.

Comencemos viendo cuáles son estos 10 pares de palabras claves (García-Rincón, 2018)[2] que identifiqué en su día desde mi intuición y experiencia profesional, las cuales no deben tomarse como algo cerrado o definitivo, sino que *cada cual en su entorno puede matizarlas, o añadir los pares funcionales que considere esenciales*. Lo importante es que este ejercicio de identificación *no sea sólo labor de los técnicos, sino que se comparta con todas las personas colaboradoras en el proyecto*, ya que ello ayudará a tomar más conciencia, comprensión y fuerza en la labor compartida, así como a visualizar mejor su alcance y sus objetivos.

1. Conexión entre **NECESIDADES y RECURSOS**. La acción prosocial trabaja de forma preferente en los campos de la necesidad humana, muy variados y de muy diversa gradación. Es cierto que la persona, el actor prosocial, es muchas veces el recurso, pero más

---

[2] GARCÍA-RINCÓN, C. (2018). *Las 10 clavijas de la acción prosocial*. En "El señor de las metáforas. Ideas y conceptos para mejorar realidades y crear posibilidades". Madrid, Prosocialia – Amazon Independently Published.

que un fin en sí mismo, creo que es un medio que busca conexiones entre las necesidades humanas y los recursos posibles, tanto materiales como no materiales, para satisfacer dichas necesidades. Y si no hay recursos, el actor prosocial también tiene la capacidad de movilizar el que se puedan crear.

2. Conexión entre la **PERSONA y su VOCACIÓN**. Muchas situaciones de pobreza y necesidad humana tienen su origen en la desconexión vital o existencial que sufren algunas personas entre lo que son, lo que sufren también, y lo que pueden llegar a ser. Alguien tiene que ayudar a estas personas a encontrar un hilo conductor, un sentido, un rayo de esperanza que les haga proyectar su vida con sentido, ya que sin esta fuerza motivacional es difícil salir adelante. Este potencial vocacional también incluye "reconectar" a la persona con sus posibles redes de ayuda, que incluyen vecinos, amigos, familiares.

3. Conexión entre una **COMUNIDAD y su SUEÑO COMPARTIDO**. Hay comunidades de personas, cuyas hondas dificultades y procesos difíciles de pobreza, marginación, catástrofes, o situaciones de violencia extrema, tienen mermada y ensombrecida su capacidad para enfocarse en lo que de verdad les importa y les da sentido como tal: sus sueños y aspiraciones. Para ello la acción prosocial debe ayudarles a recuperar su pasado o memoria histórica, tomar conciencia del presente y enlazar con su futuro, con sus sueños en definitiva, su propósito colectivo. Estos sueños se materializan en proyectos, y para ello también la acción prosocial dinamiza "las fortalezas" de

dicha comunidad para ponerlas al servicio del sueño o proyecto.

4. Conexión entre la **SOLIDARIDAD y la JUSTICIA**. La acción prosocial representa un tipo de solidaridad que persigue un ideal de justicia social, es decir, la solidaridad es un medio para lograr un fin mayor de justicia social. Cuando este horizonte de justicia no se contempla o no está claro, entonces la solidaridad no sabe a dónde va, y es presa fácil de ser utilizada por el mercado y otros fines económicos y comerciales. Tenemos que preguntarnos siempre: ¿a quién sirve esta solidaridad? ¿Qué papel tienen aquí los marginados, en esta acción solidaria, qué se persigue con ella? Muchos telemaratones, festivales solidarios y eventos adornados de solidaridad, en realidad persiguen otros fines, o anteponen el beneficio privado sobre el bien común y de los más pobres.

5. Conexión entre **lo LOCAL y lo GLOBAL**. Ya no tiene sentido actuar en lo local sin tener en cuenta la dimensión global en que nos hallamos insertos, como tampoco lo tiene actuar globalmente sin aterrizar en la realidad, sin concretar en un punto del espacio-tiempo. Pensar globalmente y actuar localmente, manteniendo la conexión de ambas dimensiones, debe ser una constante en los modos de hacer y de proyectar nuestra acción prosocial en una serie de proyectos en los que los beneficiarios, por ejemplo, pertenecen a varias culturas o países, y por supuesto en proyectos y acciones prosociales cuyo contenido tenga relación más directa con el cuidado del medio ambiente, el comercio justo o las migraciones.

6. Conexión entre **el SER HUMANO y la NATURALEZA**. La dinámica de interacción entre el ser humano y los recursos naturales, cada vez atrae más nuestra atención, sabedores de la importancia que ello tiene, no sólo en la sostenibilidad medio-ambiental, sino también en el buen vivir y la felicidad humana, así como el retorno a formas de vida, de alimentación o de explotación de los recursos, más autónomas y menos dependientes, más éticas y menos especulativas, más democráticas y menos demagógicas. La desconexión del ser humano con la naturaleza mediante su explotación artificial e industrial, lo es también con formas milenarias de cultura que nos han construido como sociedad humana. La explotación indiscriminada de recursos materiales en muchas zonas del planeta está en el origen de muchas formas de pobreza, exclusión, migraciones, incluso transmisión de nuevos virus y enfermedades mortales, como hemos visto en la actualidad.

7. Conexión entre **la DIVERSIDAD y la INCLUSIVIDAD**. Muchos problemas sociales vienen determinados por la incapacidad de algunas personas y comunidades de conectar estas dos ideas complementarias: una diversidad de personas y culturas en un proyecto social inclusivo y de identidad compartida, que no significa en modo alguno la renuncia a las propias raíces histórico-culturales, sino el enriquecimiento mutuo y compartido. Es la acción prosocial, pues, un agente mediador de integración de las diferencias, de su conexión en torno hacia un acuerdo o contrato en el que podemos convivir y compartir. Negar que cada vez más vivimos en una sociedad y un mundo cosmopolita y global, que la ciudadanía global es una construcción

necesaria en lo local también, es condenar a las comunidades locales al aislamiento y despertar en ellas el virus de los radicalismos y totalitarismos.

8. Conexión entre **el NORTE y el SUR**. La acción prosocial sirve para conectar dos mundos todavía muy distantes entre sí, tanto si nos referimos al tercer mundo como al cuarto mundo, identificado desde la pobreza y marginación en los núcleos urbanos. Si no fuera por los voluntarios y cooperantes, estas dos realidades estarían todavía más separadas entre sí, y no se hubieran iniciado interesantes procesos o vías de solución como el Comercio Justo, la Educación para el Desarrollo Humano, los Objetivos de Desarrollo Sostenible (ODS), o el avance en los proyectos de Cooperación al Desarrollo. En toda zona geográfica se suele detectar un NORTE, definido como la zona buena con mejores servicios, accesos, seguridad, y un SUR, definido como la zona más deficitaria, y donde suelen acumularse los más pobres, desprotegidos y débiles de la sociedad local. Todo ello genera brechas sociales más o menos amplias y separadas entre sí.

9. Conexión entre **la REALIDAD y la INFORMACIÓN**. Son muchas veces los voluntarios y cooperantes sobre el terreno, los que nos permiten saber de primera mano y sin los sesgos propios de los medios de comunicación, lo que pasa en las zonas donde desarrollan su labor. Otras veces son los voluntarios los que informan a los medios, o comparten sus experiencias y percepciones en las redes sociales. También informan a través de sus testimonios en espacios formativos o comunicativos con este fin. Por último, la sociedad, cada vez más, tiene la ocasión de

contrastar lo que se dice en los medios oficiales o masificados, con las opiniones más próximas y humanas de los cooperantes o voluntarios. Vivimos en un momento de saturación informativa en las redes sociales, donde circulan mensajes de todo tipo, muchos de ellos falsos o no contrastados. Es preciso, en ese sentido, una acción prosocial que persiga la búsqueda de la verdad, la clarificación, el rigor, una especie de periodismo prosocial ciudadano, líderes de opinión bien fundamentada y contrastada. En toda comunidad de personas debería haber un *Proyecto de la Verdad*, para evitar la manipulación y desfiguración de la propia historia y de los acontecimientos.

10. Conexión entre **la ÉTICA y los ACUERDOS**. El voluntariado, como expresión ciudadana de la acción prosocial, es una especie de *despertador ético de la sociedad*, es una llamada a nuestra conciencia del otro, a la conciencia social, a los grandes principios o Derechos Humanos. En este sentido hace visibles los niveles de ética o humanidad que tiene una sociedad o comunidad determinada y los pone encima de la mesa formulando preguntas que despiertan nuestra conciencia en torno a los principios del contrato social, o de ese acuerdo democrático mediante el cual regulamos nuestra sociedad, un acuerdo que implica intercambios diversos, así como derechos y deberes. El voluntariado pone en evidencia no sólo si los términos del contrato social se están cumpliendo por gobernantes y ciudadanos, sino también si el propio acuerdo a día de hoy es válido, es decir, es útil y eficaz para administrar con justicia a la sociedad, especialmente a esa parte de la sociedad menos favorecida o con más dificultades.

Una vez conocidas las 10 posibles rupturas que pueden estar afectando al entorno que deseamos investigar para ayudar y mejorarlo desde la acción prosocial, nos queda elegir la técnica más adecuada para ello, y *yo aquí recomendaría el focus-group* (ver y recordar en el capítulo 1 de este libro).

Tras la *lectura, discusión y reflexión colectiva y pausada de estas 10 posibles rupturas*, en torno al grupo de personas que van a colaborar en el proyecto de acción prosocial, que puede ya estar diseñado o que puede diseñarse o rediseñarse a partir de esta técnica de investigación social, habrá que determinar entre todos, cuáles son *las rupturas más acusadas y urgentes, las brechas más sangrantes del tejido social herido en el que vamos a intervenir*, y de este modo decidir nuestras prioridades de acción.

Lo normal es que las realidades problemáticas sean multi-causales, e identifiquemos varias de las rupturas en diferentes grados de distancia. Yo sugiero *comenzar por los puntos de sutura del tejido social que sean claves*, aquellos que estén más distanciados entre sí, porque, como ocurre cuando nos cosen una herida, *a veces basta con dos o tres puntos bien dados para que cierre toda la herida*. Es decir, que estas 10 dimensiones no son independientes, sino interdependientes, de tal forma que *la mejora en una sola de ellas, puede ayudar al acercamiento progresivo de las otras*, como de hecho ocurre en las heridas reales: *el tejido social también tiende a la homeostasis*, a la regeneración de nuevas células y tejidos, y a veces sólo basta con ayudarlo un poco para activar su regeneración.

Las gafas de la mejora continua

La mejora continua es una *competencia clave* hoy, prácticamente en todas las tareas y profesiones. En el ámbito de una organización o empresa, es también un elemento clave de la *cultura corporativa*, un valor alineado con la calidad en el producto o servicio. Y en el ámbito personal, mejora continua es sinónimo de virtud, excelencia o *areté* (en su acepción griega), es decir, de perfeccionamiento personal y humano.

Los procesos de mejora continua competen a todas las personas de una organización, es algo transversal, y hace que la organización mejore y sea más eficiente cada vez, adaptándose a los retos de un entorno cambiante como el que vivimos. El ser humano, y las sociedades, evolucionan gracias a la mejora continua de los procesos, comportamientos y hábitos.

La mejora continua implica, en buena medida, *una forma de percibir la realidad y estar en ella*, un estar conscientes en lo que se hace, monitorizando que se haga bien, incluso pensando cómo se podría hacer mejor. Implica no conformarse en la comodidad de haber alcanzado un estándar aceptable o bueno, sino también pensar un poco más allá, sobre todo cuando el entorno o las condiciones cambian.

Como implica tener esa mirada presente y activa, haciendo *desde dentro*, al tiempo que una mirada distante y evaluativa, reflexionando *desde fuera*, propongo *seis tipos de gafas metafóricas* que nos pueden ayudar a trabajar este importante valor y competencia personal y cultural. Junto a cada una de las gafas, propongo también unos *indicadores de evaluación / investigación para chequear en cada espacio de trabajo* y sus diferentes unidades, procesos y partes.

Las gafas económicas. Todo proceso de mejora continua implica rentabilizar las inversiones, ingresos y costos para maximizar los beneficios, pero no a cualquier precio. Este principio básico no hay que verlo sólo en términos materiales, sino también en los inmateriales y sociales. Determinados recortes económicos o de recursos a corto plazo, suelen tener costes emocionales y motivacionales que pasan factura a medio y largo plazo en forma de bajos resultados, que luego implican altos costes para reflotar la situación.

Algunos indicadores clave para valorar desde estas gafas en cada unidad de producción o área de trabajo, son las siguientes:

• *Los recursos son suficientes y adecuados para hacer bien y con calidad el trabajo.*
• *Se utilizan de forma racional, ecológica y equitativa todos los recursos y medios.*
• *La distribución y cooperación de personas y tareas facilita resultados óptimos.*
• *Las personas trabajan en un entorno seguro, humano y motivador para su rendimiento.*
• *Se cuida y monitoriza el bienestar físico y emocional de las personas en su puesto.*

Las gafas de los detalles. La mejora continua implica fijarse en los detalles, en las partes del todo y de los procesos, ya que es ahí, en la atención a los detalles, donde se descubren las debilidades del sistema así como las posibilidades de mejora, agregando valor a los procesos. Esto se consigue estando presentes y conscientes en lo que hacemos, haciendo de la mejora continua un ingrediente de nuestra atención, una especie de centinela mental que detecta las mejoras en el momento.

Algunos indicadores clave para valorar desde estas gafas en cada unidad de producción o área de trabajo, son las siguientes:

* *Existe un sistema o protocolo de supervisión detallado de cada una de las partes o tareas.*
* *Las personas participan en dicha supervisión mediante instrumentos de auto-chequeo.*
* *Las personas trabajan con atención, concentración y buena focalización en sus tareas.*
* *Las partes similares o iguales se ayudan y co-evalúan para mejorarse mutuamente.*
* *Disponemos de un espacio de comunicación y/o puesta en común de incidencias y observación de posibles mejoras.*

Las gafas de los procesos. De forma complementaria a las gafas de los detalles, las gafas de los procesos nos ayudan a mejorar las relaciones entre las partes del sistema o unidades de trabajo, implementando los cambios o mejoras de sus partes de forma lógica en el todo, haciendo los reajustes necesarios, ya que al cambiar una sola pieza o hábito, se puede ver alterada toda la cadena de valor. Gafas de los detalles y gafas de los procesos deben ir siempre unidas para saber ver la parte en el todo, la pieza en la maquinaria.

- *Existe una buena organización y sistematización de procesos a nivel general.*
- *Cada persona sabe en todo momento cómo se ubica e inserta su parte en cada proceso.*
- *Hay una comunicación fluida y constante entre las partes de cada proceso o cadena.*
- *Se fomenta el intercambio y conocimiento entre unidades para tener una visión global.*
- *Se revisa con frecuencia la optimización de las rutas y enlaces entre las partes y procesos.*

Las gafas creativas. La mejora continua implica muchas veces hacer las cosas de forma diferente para obtener resultados diferentes, mejores resultados claro. Todo ello implica una mente y unos equipos con inteligencia creativa, una cultura de la innovación constante, dibujar "rutas del ingenio" alternativas al camino que siempre seguimos. Y como toda innovación, implica cierta tolerancia al error, asumir algunos riesgos controlados, y una creatividad al servicio de la innovación, es decir, como un medio para la mejora, y no tanto un fin en sí misma.

- *Disponemos de espacios y ensayos para innovar y probar nuevas formas de producción.*
- *Se fomenta y estimula la creatividad y la innovación en todas las personas y unidades.*
- *Se valora el pensamiento flexible y creativo en los perfiles de los puestos y tareas.*
- *Se permite y tolera un margen de error o fracaso debido a pruebas o ensayos de mejora.*

- *Se sistematizan y reportan las innovaciones y/o buenas prácticas en mejora continua.*

Las gafas del cliente. Por supuesto, todo proceso de mejora continua precisa de la perspectiva de la opinión del cliente. Muchas veces es el cliente o usuario final de nuestros servicios, tanto interno como externo, la mejor consultoría y la más barata, el que realmente nos da la medida de la satisfacción de su necesidad con nuestro servicio, y el que puede aportarnos sugerencias valiosas para mejorar nuestros procesos y detalles. Ponerse en el lugar del cliente, así como pedir su opinión con todo el servicio, es clave para la mejora continua.

- *Existen sistemas fiables y actualizados para valorar la satisfacción global del cliente.*
- *Se considera al cliente como parte del proceso de mejora y se le invita a sugerirla.*
- *Se consideran las quejas de los clientes como oportunidades de mejora continua.*
- *La perspectiva del cliente forma parte habitual y primordial de los procesos de mejora.*
- *Se mide tanto la satisfacción del cliente externo como del cliente interno.*

Las gafas del tiempo. El tiempo es una variable y dimensión clave en todo proceso de mejora continua. Pero tenemos que verlo más allá de hacer las cosas en el menor tiempo posible: menos tiempo no siempre es más calidad y más satisfacción del cliente. Depende para qué servicios, el cliente prefiere que duren más tiempo, incluso una respuesta en poco tiempo, puede hacer sospechar al cliente de falta de interés personalizado. Por ello el tiempo debe tener *visión matemática* y *visión metafísica*, es decir, valor de rapidez en la satisfacción sustancial y valor de lentitud en la satisfacción existencial.

- *Existen métodos y sistemas eficaces y eficientes de programación y gestión del tiempo.*
- *Hay previstos márgenes y espacios de tiempo para atender incidencias y e imprevistos.*
- *Las personas tienen autonomía y eficacia en la propia gestión y control de su tiempo.*
- *El tiempo pausado y saboreado se percibe como un satisfactor personal y del cliente.*
- *El tiempo bien aprovechado se percibe como un satisfactor personal y del cliente.*

Bien, pues ya tenemos las 6 gafas o dimensiones de la mejora continua, así como los indicadores para su evaluación desde la percepción de cada uno de los implicados/as o participantes en el proyecto, entidad o empresa para analizar y mejorar sus procesos de trabajos, sus objetivos y resultados. Este análisis podemos hacerlo *de forma individual* mediante un test o encuesta, o *de forma compartida* en una dinámica de grupo, mediante la técnica de la *encuesta humana*, en la que todos los participantes se van moviendo por cuatro espacios, segmentos o zonas, que representan los 4 *niveles o intervalos de la escala* a aplicar en cada ítem:

1 = Nunca / muy de vez en cuando
2 = Esporádicamente / de vez en cuando
3 = A menudo / con cierta frecuencia
4 = Siempre / con mucha frecuencia

La *ventaja de la encuesta colectiva humana* es que, tras habernos situado en uno de los ítems y anotado en una plantilla el número de personas/respuestas en cada intervalo, podemos abrir un diálogo entre los participantes, generalmente situados en dos bandos: los posicionados en los intervalos 1 y 2, y los posicionados en los intervalos 3 y 4. Este diálogo, en el que cada bando trata de dar sus aportaciones y puntos de vista, es muy enriquecedor, porque *aporta datos y detalles cualitativos* que, de otro modo, no aparecen, y los participantes se implican más en el concepto y cultura de mejora continua.

La *ventaja de la encuesta individual anónima*, es que nos *permite más anonimato en la respuesta*, así como más posibilidad de *análisis de datos segmentando por variables* como el puesto o unidad de trabajo, departamento, tiempo en la organización, edad, así como análisis estadísticos más complejos o *relaciones entre variables*, pero no permite obtener datos cualitativos ni implicar cognitiva y emocionalmente a los participantes en torno a la filosofía de la mejora continua.

En todo caso, y para terminar, siempre *se pueden combinar ambos instrumentos*, haciendo *todos los miembros de la organización el test de mejora continua*, y en otro momento con *un grupo o muestra más reducido, hacer el focus-group* más cualitativo a partir de la encuesta humana.

Los seis aditivos del cambio social

El objetivo de esta sencilla investigación basada en una *combinación de las técnicas de cambio social y experimento social* (ver en el capítulo primero), consiste en *medir la variabilidad* de una serie de comportamientos y/o situaciones sociales cotidianas cuando en las mismas *interviene* una variable y cuando *no interviene* dicha variable.

Para ello vamos a pedir a los y las participantes que, a través de un braimstorming o lluvia de ideas, vayamos haciendo una *lista de situaciones sociales y/o comportamientos cotidianos* de nuestra vida o de nuestro desempeño profesional, o vinculadas más directamente a algún rol compartido que nos congrega como grupo en esta reunión formativa, como por ejemplo, el rol de alumno/a o participante. De esas situaciones vamos a seleccionar *tres de ellas que nos parezcan relevantes para analizar sus variaciones o cambios* a partir de la inclusión de una serie de variables o constructos psicosociales, que nos ayudarán a determinar, entre otras cosas, cómo afrontarlas con más éxito.

¿Cuáles son esas variables que vamos a incluir o excluir en las situaciones sociales para observar su variabilidad? Bien, desde la esencia de este proyecto de investigación social creativa, enfocado a la transformación y mejora de la realidad, voy a seleccionar y sugerir *seis dimensiones clave o aditivos del cambio social* a modo de variables que ayudarán a hacer una buena reflexión-investigación, y que aportarán pistas interesantes para mejorar el propio rol con estos "aditivos psicosociales", lo cual influirá positivamente en las propias realidades y cada actor en las mismas. Lo haremos inicialmente *de forma lúdica, utilizando un dado*, al que asignaremos los seis aditivos a sus seis números, de modo que los participantes, lanzarán el dado por turnos, y según el número que les toque, explicarán a los demás cómo afrontar la situación en cuestión (de la lista inicial que hemos hecho) con o sin ese aditivo / dimensión:

Nº	Dimensión	Descripción
1	*Con o sin empatía*	La capacidad de sentir con los demás y ponernos en su lugar, determina en buena medida cómo enfocamos la interacción social desde nuestro rol en una variada gama de situaciones sociales. Ponernos en el lugar de los otros influye positivamente en el logro de los objetivos de toda interacción social, tanto para mi como para los otros.
2	*Con o sin tiempo*	El tiempo, su disponibilidad y su uso/programación influye en la calidad y profundidad de muchas situaciones de interacción social, que no es lo mismo abordarlas con prisa y sin apenas tiempo, que hacerlo con tiempo suficiente, habiendo planificado nuestra agenda o habiendo acudido a la hora programada o razonable.
3	*Con o sin autonomía*	Orientarse en las situaciones de forma autónoma, con seguridad e iniciativa, es muy distinto de hacerlo de forma heterónoma o dependiente de las reacciones, iniciativas de los demás, dejándose llevar por la mayoría. Saber qué hacer, cómo comportarse en cada

		caso, cómo actuar y no sentir ansiedad social por ello, nos otorga más seguridad y logro de objetivos.
4	*Con o sin cooperación*	Interactuar de forma cooperativa en las situaciones sociales implica hacerlo con un espíritu colaborativo, sin por ello renunciar a los propios objetivos, buscando el ganar-ganar, sin entrar en una competición constante que genera malestar y puede derivar en conflictos. Todo ello se logra asumiendo roles informales que faciliten el objetivo o motivo del encuentro.
5	*Con o sin flexibilidad*	La flexibilidad nos ayuda a adaptarnos a los aspectos cambiantes de los encuentros interpersonales, aceptando que algunas veces las cosas no son como las habíamos imaginado o planificado, y reajustando el equilibrio personal y social desde una adaptación creativa a las circunstancias. Todo ello evita estrés y conflictos.
6	*Con o sin prudencia*	La prudencia es una virtud muy relacionada con el autocontrol: a veces decimos cosas que no es prudente decir, o hacemos cosas que no es prudente hacer, tanto por la imagen que proyectamos en los demás, como por las consecuencias que pueden tener sobre los demás. No hay que confundir autonomía personal con hacer lo que quiera o me venga en gana, no ser flexible con aceptar todo a cualquier precio, etc.

Veamos ahora algunos ejemplos de una *lista típica de situaciones que pueden sucedernos a lo largo de una semana*, y cómo se enfocarían con o sin algunas de las variables que he propuesto, a través del entrenamiento lúdico con el dado. Ya que estamos utilizando dicho dado, lo usaremos también para *seleccionar una de estas 6 situaciones sociales*, de tal forma que cada participante lanzará el dado dos veces: una *primera vez para seleccionar situación social*, y una *segunda vez para seleccionar aditivo o dimensión social*:

Nº	Situación social
1	Ayudar a una persona mayor que se ha caído de repente en la calle.
2	Asistir a una celebración o acto importante en el que no conoces a nadie de antemano.
3	Tomar café con una persona a quien aprecias mucho y a quien hace tiempo que no ves.
4	Hacer tu compromiso semanal de voluntariado en un centro social o entidad.
5	Participar en una reunión o evento que no te gusta o apetece pero que estás obligado/a por tu rol.
6	Atender a un cliente difícil con quien tu empresa ha tenido un conflicto.

La ventana solidaria

La solidaridad se puede conceptualizar como una ventana que se abre al mundo de las necesidades y problemas sociales, una ventana de posibilidades para quien decide colaborar, y una ventana de posibilidades para los que necesitan ayuda. El objetivo de esta investigación va a consistir en asomarnos a esa ventana de nuestras experiencias de solidaridad, una ventana que tiene cuatro cristales, porque cuatro son también las formas de ejercer esa solidaridad, en función de dos acentos o variables que explico brevemente:

a) *Acento en las causas & consecuencias.* Hay acciones de solidaridad que inciden directamente sobre las causas o raíces de los problemas y necesidades, para tratar de solucionar dichos problemas desde la raíz. Pero también hay acciones que trabajan sobre las consecuencias directamente, y que no solucionan el problema de raíz, pero al menos van paliando y conteniendo sus efectos.

b) *Acento en la proactividad & reactividad.* Hay formas de ayuda solidaria proactivas que parten de un proyecto o plan consciente, pensado y programado, con unos objetivos claros, indicadores y procesos. Pero también hay formas de ayuda más reactivas y viscerales, más impulsivas, que tratan de movilizar rápidamente los sentimientos de compasión y/o indignación de la ciudadanía, más revolucionarias y menos organizadas y planificadas.

Combinadas ambas variables dicotómicas, nos ofrecen una ventana con 4 posibilidades o tipos de ayuda solidaria:

La Ventana Solidaria
(César García-Rincón de Castro, 2021)

Acentos	Reactiva	Proactiva
Causas	Visceral-expresiva	Utópico-proyectiva
Consecuencias	Emocional-compasiva	Asistencial-corporativa

Antes de explicar la dinámica de investigación con los y las participantes, voy a explicar brevemente cada uno de los cuatro cuadrantes, donde ellos y ellas tendrán que ir situando las acciones solidarias personales o que hayan percibido en un campo concreto que acotemos.

1. *Solidaridad visceral / expresiva*: consiste en acciones espontáneas que trabajan en las causas de la pobreza y la marginación. Son conductas movidas por fuertes sentimientos, por rabia, por indignación. Constituyen entonces todas esas acciones más o menos esporádicas de lucha, protesta, manifestaciones, acampadas.

2. *Solidaridad emocional / compasiva*: acciones espontáneas que trabajan en las consecuencias de la pobreza y la marginación. Son comportamientos puntuales de ayuda, movidos por sentimientos de empatía y compasión (= padecer con), que tratan de paliar situaciones puntuales o contenerlas, pero que de ningún modo van a cambiar la realidad.

3. *Solidaridad asistencial / corporativa*: son acciones colectivas de grupos de personas que trabajan en el seno de una organización o un proyecto con el objetivo de atender necesidades de colectivos o paliar los efectos de la pobreza y la marginación, pero fuertemente enfocados en las consecuencias y desbordados por el volumen y el peso de las mismas, sin tiempo ni espacio para ocuparse de las causas y estructuras que generan esos problemas.

4. *Solidaridad utópico / proyectiva*: son acciones desarrolladas, bien por personas de modo colectivo o de modo individual, en torno a un proyecto-misión de cambio y transformación social, con unos hilos conductores muy claros y un objetivo de transformación progresiva de estructuras sociales y actitudinales, mediante procesos educativos con la población y de incidencia progresiva en estructuras políticas, sociales y económicas.

Es importante subrayar que *no hay acciones mejores o peores*, sino que *todas son necesarias y complementarias*, y tan importante es contener el deterioro y las situaciones sangrantes, como realizar acciones utópicas y movilizaciones en pro de los derechos humanos y sociales básicos que aviven la esperanza de un mundo nuevo y mejor para todos y todas.

Ahora bien, *la investigación nos dirá si tal vez estamos muy enfocados en un tipo de acción o* ventana y, por tanto, estamos perdiendo la oportunidad de transformar la realidad no desarrollando otras, o bien, *si nos reafirmamos en que nuestra misión es precisamente ser fuertes y constantes en una de las ventanas*, ya que hay otras organizaciones que trabajan las otras ventanas.

¿Cómo realizar la primera parte de dinámica grupal de esta investigación? Solicitamos a los participantes que pongan *en unas notas adhesivas o tarjetas todas aquellas cosas que hacen para ayudar a los demás*, es decir, de qué modo manifiestan su solidaridad habitualmente. Puede ser también acerca de todo lo que han hecho en el último año, o el último trimestre, acotar un periodo de tiempo. Si estamos trabajando *en el marco de una organización*, sería interesante formular la pregunta acerca de lo que hemos hecho, por ejemplo, en los últimos 5 años como entidad de acción social y prosocial.

Es importante que escriban *un comportamiento o acción por cada nota adhesiva o tarjeta*. A continuación, y antes de hacer la puesta en común de los comportamientos o acciones solidarias, dibujaremos en el suelo, con cinta de pintor, o bien en un papel grande o pizarra, una gráfica en forma de cruz con dos ejes:

a) Eje vertical **causas – consecuencias**: en el extremo de arriba escribimos la palabra "causas" y en el extremo de abajo, escribimos la palabra "consecuencias".

b) Eje horizontal **reactividad – proactividad**: en el extremo de la derecha escribimos la palabra "proactividad", y en el extremo de la izquierda escribimos la palabra "reactividad".

De tal modo que nos quedan cuatro cuadrantes, o una ventana con cuatro cristales, que resultan del cruce de ambos ejes, tal y como he explicado antes.

A continuación *explicaremos brevemente los 4 cuadrantes y su significado*. Dicha explicación puede incorporar *una breve hoja-resumen* para cada participante, o bien la explicación de los cuatro cristales de la ventana *proyectada en una diapositiva fija* y a la vista de todos, para que cada cual se levante después y vaya colocando las notas adhesivas o tarjetas que escribió anteriormente en el cuadrante/s al que cree que corresponden sus acciones de solidaridad. Lo normal es que entre todos revelemos y manifestemos cosas que tienen que ver con varios cuadrantes. Si alguien duda sobre dónde colocar una de las tarjetas / comportamientos, le ayudamos entre todos.

La primera *reflexión e interpretación de los datos* que haremos, a modo de diagrama de dispersión de cada input o tarjeta, será de tipo visual, al percibir en qué cuadrante se concentran más comportamientos y el cual hay menos, o tal vez tengamos un poco de todo. Bien, desde esta primera visualización colectiva podemos hacernos algunas preguntas indagatorias como estas:

- *¿En qué nos enfocamos más y en qué menos?*
- *¿Qué tipo de solidaridad ejercemos de modo individual? ¿Y de modo colectivo, como entidad?*
- *¿Cuál es nuestra misión y en qué medida lo que hacemos está alineado con esa misión?*
- *¿Qué debemos potenciar más y qué menos?*

- *¿Qué visión del mundo y de la pobreza hay cuando miramos a través de cada uno de los cuatro cristales? ¿Qué paisajes y horizontes vemos?*
- *¿Cómo se relacionan unos cuadrantes con los otros?*
- *¿Cómo diseñar un proyecto o acción solidaria que entre por un cuadrante y termine en otro, o que pase por todos los cuadrantes?*
- *¿Cómo aplicamos este modelo para investigar la solidaridad que se promueve y/o se hace en nuestro barrio o entorno?*

Como ya apunté antes, *es importante señalar que no hay cuadrantes buenos y cuadrantes malos*, que todos pueden aportar al proceso. Lo preocupante o limitante sería quedarse anclado a la "zona de confort" de nuestro cuadrante preferido en el modo de hacer solidaridad y no cambiar, no viajar hacia otros cuadrantes, no innovar en definitiva.

Será importante plantearse, bien individualmente o bien como equipo-entidad, la *necesidad de gestionar un cambio si nos descubrimos y nos vemos reflejados sólo en uno de los cuadrantes* y, sobre todo, si este cuadrante es de los que trabajan en las consecuencias. En este supuesto nos podríamos hacer estas dos preguntas:

1. *¿Hasta cuándo vamos a resistir conteniendo las injusticias sociales?*
2. *¿Qué futuro tiene lo que hacemos, y en qué medida está haciendo el juego a un círculo vicioso sociocultural y económico que beneficia a unos y descarta a otros?*

La investigación da para mucho, para seguir investigando como ya he comentado, y también para reorientar o diseñar nuevos proyectos de solidaridad híbridos que tengan en cuenta las 4 ventanas o posibilidades. Yo creo que es posible visualizar y enriquecer cada uno de los proyectos de solidaridad con las 4 ventanas, ampliar su campo y su impacto social.

Perfil de liderazgo ético

El objetivo de esta investigación es crear una herramienta sencilla y ágil de observación de las personas que ejercen un liderazgo relevante, a partir de su conducta y su modo de ser y hacer en los medios de comunicación. Puede ser una herramienta muy útil para hacer sondeos de opinión, por ejemplo, de los ciudadanos de un determinado país, región o zona local, respecto de sus líderes políticos, o del presidente de su gobierno, o bien de su máximo representante nacional o local.

En este caso lo que necesitamos son una serie de estímulos a modo de preguntas, sencillos y comprensibles, así como un marco que abarque la descripción y dimensiones de un liderazgo ético hoy. En este sentido, usaremos mi propuesta de liderazgo ético, publicada en el libro *"La Buena Dirección. El liderazgo al servicio de las personas y de la sociedad"*, que ya ha sido utilizada e incluida en algunos trabajos de investigación. En esta propuesta, ampliamente justificada e ilustrada documentalmente en el citado trabajo, conceptualizo el liderazgo ético desde 5 dimensiones clave para su descripción:

1. Empatía-Universalismo: es la capacidad para ponernos en la situación del otro, en su lugar, haciendo reflexiones como "si yo fuera esa persona, ante este problema o decisión me sentiría...". La toma de conciencia y apertura al otro, nos lleva necesariamente a una orientación universalista versus particularista, *nos saca del etnocentrismo y del pensamiento de* *rotación hacia el pensamiento cosmopolita de traslación* intersubjetiva e intercultural. Esta dimensión es clave máxime en un mundo global e interdependiente.

2. Asertividad-Autocontrol: es la capacidad de defender los propios valores y criterios ante los demás, con valentía, autonomía personal y seguridad, venciendo incluso las presiones del grupo contrarias al propio criterio o decisión. *Las personas con integridad ética tienen que ser asertivas y con gran capacidad de autocontrol para no dejarse llevar por presiones, prebendas y regalos,* y defender siempre la ética o denunciar el comportamiento no ético, incluso de sus superiores o de su propia organización, si creen que deben hacerlo por el bien del conjunto.

3. Compromiso-Responsabilidad: el compromiso va ineludiblemente unido a los contratos sociales de todo tipo, compromiso con unas reglas, unos valores, unas normas. El compromiso implica *equilibrar en todo momento los derechos con los deberes* de los contratos, tanto los formalizados por escrito como los tácitos y emocionales establecidos según la costumbre, el sentido común o lo que es bueno y conveniente en una situación determinada. La responsabilidad implica "responder" del propio comportamiento ante los demás, responder de los pactos y compromisos adquiridos.

4. Prosocialidad-Servicio: la prosocialidad se define como una actitud positiva ante los problemas y necesidades de los demás, como un servicio privado o público con vocación u orientación altruista. La solidaridad entendida como *vocación de servicio* *público* es una actitud básica que implica pensar, sentir y hacer con los otros, tanto a nivel local y cercano, como a nivel global, implica tomar conciencia de los efectos globales de mis decisiones locales. Además, la prosocialidad-servicio siempre debe estar *enfocada preferentemente a los más débiles y desfavorecidos.*

5. Discernimiento-Reflexividad: El discernimiento es producto de procesos mentales de introspección, autoconocimiento y orientación de las decisiones desde sistemas de valores asumidos e internalizados. *El discernimiento como estrategia de pensamiento y* reflexión incluye tanto la toma de conciencia de las propias emociones y sentimientos, como los diferentes puntos de vista y pensamientos. Implica también estrategias y rutinas de pensamiento ético, como el uso reflexivo de algunos principios importantes de justicia social.

Una vez que hemos conocido y descrito las cinco dimensiones del liderazgo ético, formularé ahora, a modo de ejemplo metodológico, dos preguntas o ítems clave en cada una de ellas, en vistas a un sondeo de opinión colectiva hacia determinado/a líder político. Digo a modo de ejemplo, para ofrecer una pista de cómo se construye el instrumento, pero *no tienen por qué asumirse estas preguntas por el grupo de trabajo* investigador de esta herramienta: lo normal es que propongan sus propias preguntas, o maticen estas, o añadan al menos una pregunta más por cada dimensión.

Dichas preguntas deben hacerse *a partir de la percepción que la ciudadanía o colectivo tiene respecto del modo de actuar dicha persona en su faceta pública,* la cual está determinada por los medios y formas de comunicación que dicha persona utiliza y lo que dichos medios reflejan de ella:

Dimensiones liderazgo ético	Preguntas clave para construir el perfil de liderazgo ético
Empatía-Universalismo	• *¿Se ocupa por igual de todas las personas o sólo de un tipo de personas que más le convienen?* • *¿Piensa en las necesidades de las personas que gobierna, o se enfoca más en sus propias necesidades y las de su equipo-organización?*
Asertividad-Autocontrol	• *¿Toma decisiones desde valores humanos o se deja influenciar fácilmente por otros valores?* • *¿Reconoce los fallos y comportamientos poco éticos de su persona o equipo, o sólo critica los de los demás?*
Compromiso-Responsabilidad	• *¿Cumple sus compromisos y deberes públicos, o los incumple con frecuencia?* • *¿Responde de todos sus deberes y objetivos ante los demás, o sólo lo hace cuando le conviene o beneficia?*
Prosocialidad-Servicio	• *¿Muestra realmente preocupación por los más débiles y desfavorecidos, o lo hace sólo de forma testimonial favoreciendo más a los ricos y bien situados?* • *¿Muestra solidaridad y ayuda para con otras causas fuera de su ámbito de gobierno, o sólo se limita a ayudar en los límites legales de su acción?*
Discernimiento-Reflexividad	• *¿Sus decisiones son producto de una reflexión y debate serio y profundo, o bien las toma de forma ligera, impulsiva o populista?*

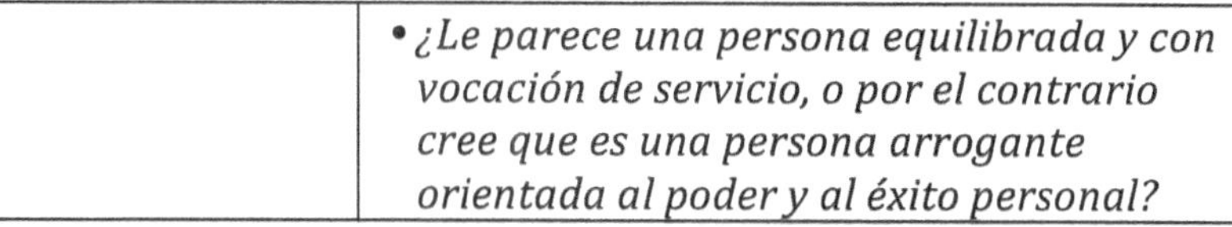

Una vez que tenemos las preguntas, ya sólo nos resta darle formato a la herramienta, y lo más ágil e intuitivo para investigar de forma colectiva algunos liderazgos es optar por un *perfil de polaridad* o *diferencial semántico* de Osgood y Tahnembaum. Pero, ¿qué es un diferencial semántico o perfil de polaridad, cómo se construye y utiliza? Un perfil de polaridad *se construye a partir de una escala de intervalos iguales con un polo positivo y otro negativo*, que se utiliza para captar intuitivamente desde *tres dimensiones*, la impresión que causa en los encuestados el objeto de investigación, que en nuestro caso es el liderazgo concreto de una persona. Las tres dimensiones o dicotomías a las que alude la definición, referidas generalmente a personas, fueron descritas por Osgood y Tannembaum, tras un profundo análisis factorial, de la siguiente manera:

a) *Dimensión valorativa*: una persona o realidad nos parece buena o mala, éticamente hablando.
b) *Dimensión potencia*: una persona nos parece fuerte o débil, tanto en lo físico como en lo psicológico y social.
c) *Dimensión actividad*: una persona nos parece activa y con iniciativa, o nos parece pasiva y sin iniciativa.

Las dimensiones que va a medir nuestro perfil, por la temática del mismo, parecería que sólo encajan en la dimensión valorativa, pero sin embargo, si leemos despacio las preguntas, descubrimos que tienen que ver con las tres dimensiones, ya que la integridad ética de una persona está también relacionada con su fortaleza moral y psicológica, además de su tendencia a tomar decisiones con valentía y valía, desde sus valores y convicciones.

Los perfiles de polaridad *se expresan de forma gráfica, con pares de palabras* a modo de variables dicotómicas, situando *el polo positivo de cada variable a un lado y el polo negativo al otro lado*. Para ello necesitamos, como paso siguiente en la construcción de nuestro perfil, *convertir las preguntas en propuestas dicotómicas*, y estas propuestas dicotómicas resumirlas a su vez en *conceptos representativos de cada uno de los polos* o extremos de la variable. Veámoslo en la tabla siguiente:

Sólo se preocupa de las personas que más le convienen o las más afines a sus ideas	*Se ocupa por igual de todas las personas que gobierna o lidera en sus funciones*
EXCLUSIVO	INCLUSIVO
Sólo piensa en sus necesidades y problemas, y los de su equipo	*Siempre piensa en las necesidades y problemas de los demás*
EGOISTA	ALTRUISTA
Se deja influenciar fácilmente por valores materiales y no tiene en cuenta los derechos esenciales	*Las decisiones que toma reflejan que lo hace desde valores y derechos fundamentales de las personas*
INCONSTANTE	CONSECUENTE
No reconoce los propios fallos y critica y señala los fallos de otros y sus adversarios	*Reconoce los fallos o comportamientos poco éticos de su persona o su equipo*
PREPOTENTE	HUMILDE
Habitualmente incumple sus compromisos y los deberes propios de su cargo	*Cumple con sus compromisos y deberes públicos propios de su rol directivo*
IRRESPONSABLE	RESPONSABLE

Sólo responde de su cargo, deberes y logros cuando le conviene	*Responde de su cargo, sus deberes y logros ante la sociedad*
INTERESADO	COMPROMETIDO
Su solidaridad y ayuda es sólo testimonial, favoreciendo más a los ricos y bien situados	*Muestra realmente preocupación por los más débiles y desfavorecidos en sus decisiones y modos de hacer*
UTILITARISTA	HUMANISTA
Se limita a ayudar en los límites legales de su acción, o cuando le resulta rentable para su cargo o imagen pública	*Muestra solidaridad y ayuda tanto en su modo de gobernar como en otros ámbitos de su vida más allá de su rol de liderazgo*
CORPORATIVO	AUTÉNTICO
Toma decisiones de forma ligera, poco democrática, impulsiva o populista	*Sus decisiones son producto de una reflexión y debate serio, compartido y profundo*
POPULISTA	DEMOCRÁTICO
Me parece una persona arrogante, orientada al poder y al éxito propio	*Me parece una persona honesta, equilibrada, y con vocación de servicio*
PODEROSO	SERVICIAL

Una vez que tenemos las variables dicotómicas representadas por *pares de palabras que resumen las reflexiones dicotómicas* a partir de las preguntas que formulamos en cada una de las 5 dimensiones del marco ético del liderazgo, ya podemos construir nuestro sencillo *perfil gráfico de polaridad*, para que una muestra más o menos amplia de personas responda al mismo valorando a una serie de líderes que nos interesa valorar. De este modo *obtendremos un perfil rápido de cada uno de los liderazgos medidos* y, también haremos algo muy importante: *reflexionar sobre el perfil ético ideal del liderazgo* para aplicar sus valores, representados en el polo positivo, a nuestra realidad o liderazgo personal.

Valore en cada una de las filas de la tabla siguiente el modo de dirigir o liderar de (nombre del líder), según considere que se haya más o menos cerca de los siguientes extremos:

	-3	-2	-1	+1	+2	+3	
Exclusivo							*Inclusivo*
Egoísta							*Altruista*
Inconstante							*Consecuente*
Prepotente							*Humilde*
Irresponsable							*Responsable*
Interesado							*Comprometido*
Utilitarista							*Humanista*
Corporativo							*Auténtico*
Populista							*Democrático*
Poderoso							*Servicial*

¿Cómo utilizar este perfil? Su sencillez permite hacer encuestas sencillas a pie de calle, o incluso usando una aplicación de smartphone o una encuesta on-line en redes sociales. Pero también permite usarlo para *valorar líderes con grupos de personas*, poniendo el *perfil con las polaridades en tamaño grande en el suelo*, y situando cada cual su apreciación en cada uno de los continuos o variables dicotómicas, *con notas adhesivas*. De este modo veríamos, de forma muy gráfica, el *grado de consenso que tenemos al valorar éticamente a un líder*, según la mayor o menor dispersión en torno a cada una de las 10 variables.

¿Qué ocurre si en una o varias de las dicotomías observamos mucha dispersión de datos? Es un buen ejemplos para revisar dicha variable y tal vez cambiar su redacción, ya que la dispersión puede indicar problemas de fiabilidad y validez en la misma, o analizar a qué dimensión de las 5 del liderazgo ético pertenece, y por qué en esa dimensión no mostramos acuerdo en nuestras apreciaciones hacia ese líder en concreto. También será interesante *ver si esta dispersión en la misma variable ocurre sólo con un líder, o bien ocurre con todos* los valorados, lo que indicaría claramente un problema de validez, y habría que modificar los conceptos o palabras dicotómicas de la misma.

Escuchando cuadros sociales

Escuchando cuadros sociales, es una interesante dinámica de grupo, *basada en la técnica del experimento social*, en la que *vamos a investigar acerca de nuestra capacidad de escuchar a la realidad y a los demás de una forma novedosa, experiencial y participativa*. El juego o dinámica inicial consiste, en resumen, en crear una escena con dos interlocutores:

- Uno de ellos (A) contará a otro un cuadro que está viendo, y el otro (B) escuchará el cuadro que no está viendo, con el objetivo de tener que transmitirlo después a alguien que no sabe: ese alguien será todo el público, que sí estará viendo el cuadro.
- El interlocutor que escucha (B) podrá hacer preguntas, tomar notas (de hecho tendrá una libreta de notas en la mesa, aunque no se le dirá nada, la podrá usar o no según su criterio), pedir aclaraciones, solicitar detalles concretos, etc.
- Los observadores de la escena, que serán todo el público participante en la actividad, tendrán un test en el que irán evaluando la capacidad de escucha del interlocutor B, tanto durante la escena como durante la exposición final de lo que ha comprendido del cuadro: ¿Ha comprendido bien el mensaje del mismo? ¿Ha olvidado detalles importantes? ¿Usa las notas que ha tomado (si es que las ha tomado) para transmitir lo que ha comprendido? ¿Ha olvidado cosas que le ha dicho el interlocutor A? ¿Hace una exposición ordenada del cuadro?

Evidentemente, *el objetivo de este juego de investigación* sobre la escucha, va más allá de evaluar la capacidad de escucha de un participante en la escena principal, y quiere *ayudarnos a conocer a todos de los diferentes indicadores y dimensiones de la escucha*, para aplicarlos luego como marco perceptivo a otras realidades o "cuadros sociales".

Como primer paso, pediremos a dos tres personas, depende del número de escenas que queramos hacer, yo recomiendo al menos dos, que salgan de la sala, y que irán entrando uno a uno. Dentro de la sala, con los voluntarios fuera, prepararemos la escena: *una mesa con dos sillas, una a cada lado.*

En el lado que se sentará *el interlocutor B* (que está fuera) habrá *una libreta para tomar notas y un bolígrafo*, por si desea usarlo. Pero *no se le dirá que lo use*. Si pregunta: ¿puedo usar la libreta? Se le dice que sí, por supuesto, si lo considera necesario.

El interlocutor A, que se sentará en el extremo opuesto de la mesa, será una persona voluntaria del público, a la que se le dará *una copia del cuadro a describir al interlocutor B*, pero que no deberá ver el interlocutor B.

El público, cada uno de los participantes, tendrá una *plantilla de evaluación de los comportamientos verbales y no verbales del interlocutor B*, para evaluar su competencia de escucha activa. Estas anotaciones servirán después en la fase de valoración de la dinámica, y nos ayudarán a reflexionar sobre los procesos de escucha.

96

Cuando se solicita que entre uno de los voluntarios que hay fuera de la sala (interlocutores B), el interlocutor A ya estará sentado en el otro extremo de la mesa, debidamente explicado su rol de contar el cuadro al interlocutor B que entra. Sentamos a interlocutor B en su sitio y el facilitador/a de la actividad le dice:

"Ahora el interlocutor A (nombre de la persona) te va a contar y describir un cuadro que tú no puedes ver, pero puedes imaginar y dibujar en tu mente. Debes escuchar bien todo lo que te dice, con el fin de hacerte una imagen mental del cuadro lo más fiel posible al original y describir a otra persona el cuadro después, y así al final ver en qué medida lo que tú has comprendido se parece al cuadro que revelaremos más tarde".

Una vez que ha terminado la conversación-descripción del cuadro entre ambos interlocutores, ahora *el interlocutor B deberá contar resumidamente a todo el público lo que le han contado a él*. En este momento el público también podrá ver el cuadro mientras se lo cuenta, pero sin que lo vea el interlocutor B, bien proyectado en una pantalla que sólo ve el público, o bien con una copia grande del mismo delante sólo del público, en un caballete de pintura con la cara vista al público, pero de espaldas a interlocutor B.

En esta dinámica, aporto un par de cuadros que a mí personalmente me parecen interesantes para describir, por la riqueza de detalles que tienen, y también por el mensaje y la historia que encierran, así como por visibilizar a dos mujeres artistas contemporáneas. *Es importante que, además, los cuadros no sean conocidos por la mayoría de los participantes*, ya que si el interlocutor B supiera enseguida de qué cuadro le hablan, dejaría de escuchar al tenerlo bien grabado en su mente.

Uno de ellos se llama **"El camión"** de la pintora mexicana Frida Kahlo (1907-1954).

El segundo de los cuadros es **"El Encuentro"**, de la pintora argentina Raquel Forner (1902-1988).

El test de escucha para los observadores, con el que analizarán diferentes dimensiones de la escucha de los voluntarios "interlocutor B" es el siguiente:

Señala en la escala de la derecha, en qué medida la persona que escucha cómo le cuentan el cuadro y después resume lo que le han contado a los demás, se desempeña con habilidad y de forma eficaz en estos comportamientos o ítems que describen una escucha activa, siendo 1 = nada hábil / eficaz y 5 = muy hábil / eficaz.

Ítems / Comportamientos de Escucha Activa		1	2	3	4	5
1	*Realiza preguntas para saber más acerca del cuadro, como algunos detalles y datos importantes.*	1	2	3	4	5
2	*Utiliza la libreta y el bolígrafo para tomar notas y así poder explicar luego mejor el cuadro.*	1	2	3	4	5
3	*Se acompasa al ritmo de habla y movimiento corporal del interlocutor que le está explicando el cuadro.*	1	2	3	4	5
4	*Se contagia de algún modo del tono de voz, velocidad de habla y de la emoción que pone la persona que le describe el cuadro.*	1	2	3	4	5
5	*Se interesa por saber más acerca del cuadro y detalles importantes como los colores, formas, tamaños...*	1	2	3	4	5
6	*Pregunta por cuestiones más profundas del cuadro, como lo que significa o transmite, los sentimientos de los personajes...*	1	2	3	4	5

7	*Deja que el otro se exprese con tiempo, de forma adecuada, sin interrumpir a menudo, respetando los turnos de conversación.*	1	2	3	4	5
8	*Mantiene la atención en el otro y en lo que le cuenta, sin distraerse con elementos del entorno u otras personas.*	1	2	3	4	5
9	*Utiliza un lenguaje no verbal con su cuerpo y su postura en general que muestra al otro interés por lo que le cuenta.*	1	2	3	4	5
10	*Resume bien el cuadro y lo que expresa una vez que le han contado toda la información sobre el mismo.*	1	2	3	4	5

Una vez que han terminado todas las conversaciones sobre los cuadros (que pueden ir desde 2 a 3 si añadimos un tercer cuadro más que consideremos), haremos una asamblea con todos los participantes, en la que revelaremos las valoraciones sobre escucha que han tenido los 2-3 interlocutores B que han participado. De este modo iremos desgranando, en cada comportamiento observado, las claves para una escucha activa, de cara a ponerlas en práctica en adelante.

Estos 10 ítems, por tanto, constituyen una buena guía para aprender a escuchar con más eficacia, y así poder aplicarla a nuestra escucha en adelante, tanto dentro del grupo o proyecto, como en nuestra vida cotidiana. Resumo su importancia en la tabla siguiente, con el fin de ayudar a facilitador a dar un buen feed-back en la reflexión:

Comportamiento clave en la escucha	Importancia en la capacidad de escucha
Realiza preguntas para saber más acerca del cuadro, como algunos detalles y datos importantes.	La escucha consiste no sólo en estar en silencio frente al otro, sino también en hacerle las preguntas adecuadas, indagar, para captar mejor lo que quiere comunicarnos. Además cuando hacemos preguntas aclaratorias, hacemos ver al otro que realmente nos interesa lo que quiere decirnos.
Utiliza la libreta y el bolígrafo para tomar notas y así poder explicar luego mejor el cuadro.	Muchas veces, tomar notas nos ayuda no sólo a evitar que se nos pierdan cosas importantes, sino también a estar más atentos y a hacer ver al otro que estamos interesados en lo que nos dice. ¿Qué piensa un profesor de los alumnos/as que toman notas y de los que no las toman?
Se acompasa al ritmo de habla y movimiento corporal del interlocutor que le está explicando el cuadro.	Está demostrado en las investigaciones de Comunicación No Verbal, que cuando estamos a gusto y de acuerdo con nuestro interlocutor, en una buena sintonía comunicativa, tendemos a acompasar los movimientos corporales y el ritmo de habla, como si estuviésemos danzando.
Se contagia de algún modo del tono de voz, velocidad de habla y de la emoción que pone la persona que le describe el cuadro.	Los mismo que hemos dicho en el comportamiento anterior, es aplicable al tono de voz y al contagio emocional con el otro: empatizar, en el sentido de "sentir con el otro" significa que comprendemos mejor lo que siente y lo que nos quiere transmitir, que escuchamos con el corazón su mundo interior.

Se interesa por saber más acerca del cuadro y detalles importantes como los colores, formas, tamaños...	La escucha está hecha de preguntas abiertas para dejar que el otro se exprese con libertad y globalidad, pero también de preguntas cerradas o concretas que nos ayudan a comprender mejor los detalles, datos e informaciones relevantes acerca de lo que el otro nos cuenta.
Pregunta por cuestiones más profundas del cuadro, como lo que significa o transmite, los sentimientos de los personajes...	No se trata sólo de escuchar lo superficial y lo objetivamente perceptible, sino también lo profundo, el verdadero significado de las cosas, las vivencias subjetivas de los demás, sobre todo en escucha humanista y terapéutica, en acompañamiento de los problemas y sufrimientos de los demás.
Deja que el otro se exprese con tiempo, de forma adecuada, sin interrumpir a menudo, respetando los turnos de conversación.	Escuchar es respetar el ritmo del otro, hay cosas difíciles de contar y de explicar que requieren su tiempo y su ritmo, y si tenemos prisa o forzamos demasiado al otro a que nos cuente algo sin darle tiempo a pensarlo bien o generar un cierto clima previo de confianza mutua y respeto, se puede bloquear la escucha.
Mantiene la atención en el otro y en lo que le cuenta, sin distraerse con elementos del entorno u otras personas.	Escucha es también tener capacidad de atención plena y concentración en lo que el otro nos cuenta, evitando la atención a uno mismo y sus asuntos y tratando de evitar que nos interfieran los ruidos y otros elementos del entorno, y sobre todo nuestros ruidos internos en forma de preocupaciones, otras tareas que tenemos que hacer después, etc.

Utiliza un lenguaje no verbal con su cuerpo y su postura en general que muestra al otro interés por lo que le cuenta.	Se escucha con todo el cuerpo, con la orientación corporal, con la postura, con la mirada, con los gestos de la cara. Gestos como cruzar los brazos, echarse hacia atrás en la silla o mirar para el otro lado mientras el otro nos habla, indican que no nos interesa en realidad lo que nos cuenta o que no compartimos sus opiniones.
Resume bien el cuadro y lo que expresa una vez que le han contado toda la información sobre el mismo.	Escucha es también saber reformular al otro su propio mensaje, para chequear si hemos comprendido lo que nos ha dicho, y de ese modo le haremos saber si realmente hemos captado el mensaje, o si debe puntualizarnos algo que nos hemos interpretado bien. En ambos casos le haremos saber que nos interesa lo que nos cuenta, ya que la falta de reformulación indicaría desinterés o escasa comprensión del mensaje del otro.

A partir de estas reflexiones, podemos plantearnos la relación que existe entre la escucha como observación con todos los sentidos y la investigación de la realidad social: *¿Cómo aplicar lo aprendido a la escucha de realidades sociales y humanas en situación de necesidad?*

Podríamos incluso ir un poco más lejos y *aplicar lo aprendido para escuchar a una calle de nuestra zona*: demos un paseo por una de las calles de nuestro barrio, de principio a fin, escuchando con todos los sentidos, tomando notas, charlando con la gente, observando detalles, buscando información previa en algunas fuentes, entrando en los comercios y tiendas, y a diferentes horas del día, y luego pongamos en común lo que nos ha dicho esa calle, ese cuadro social en movimiento constante. Hagamos un informe acerca de "lo que dicen y no dicen nuestras calles", con algunas propuestas de mejora.

Las tres dimensiones de la pobreza

Basándome en el modelo que expuso en su día Alejandro Romero en la V Escuela de Otoño de la Plataforma para la Promoción del Voluntariado en España, la pobreza en un sentido amplio se puede definir y comprender desde las tres dimensiones vitales de la persona:

a) Dimensión física-material: *tener o no tener.*
b) Dimensión psíquica-espiritual: *ser o no ser.*
c) Dimensión social-relacional: *estar o no estar.*

En relación con esta clasificación triangular podemos afirmar que la pobreza afecta a tres tipos de oportunidades vitales:

a) TENER: se refiere al nivel y calidad de vida, a las necesidades más básicas y materiales, así como las oportunidades, dotándose de lo suficiente para vivir una vida buena y sin carencias importantes.
b) SER: relacionado con las capacidades de realización en la vida, ser lo que uno quiere y puede llegar a ser, dotarse de un proyecto de vida con sentido.
c) ESTAR: que se relaciona con el sentido de pertenencia social y la ciudadanía, la posibilidad de participar en las decisiones que afectan a todos, así como formar parte de grupos de pertenencia.

Este *triángulo de la pobreza* tiene la peculiaridad de que sus tres lados están interrelacionados entre sí, es decir, que quien sufre una falta de oportunidades o un problema en alguno de los lados, se convierte en alguien vulnerable a sufrir también dificultades en los otros dos lados. Pensemos en alguien que pierde su trabajo: no sólo pierde el sueldo que le proporciona satisfacer sus necesidades básicas, sino que también pierde vínculos sociales, si está mucho tiempo se queda obsoleto en su nivel profesional, pierde la confianza en sí mismo/a, y si a este hecho se van encadenando otros tropiezos o fracasos, puede hacer que esta persona acabe mendigando por las aceras.

En realidad el modelo está muy próximo a la definición de salud que sostiene la OMS (Organización Mundial de la Salud), quien la define como un *estado de bienestar y equilibrio físico, psíquico y social*. Las tres dimensiones son muy similares a las tres dimensiones desde las que podemos conceptualizar la pobreza en un momento y espacio dados.

Para desarrollar esta investigación, propongo *comenzar con una sencilla dinámica de grupo* con todos los participantes, antes de decir nada de las tres dimensiones, *a partir del concepto de pobreza que tiene cada cual*. Dividimos el grupo grande en grupos más pequeños, de unas 5 personas, y pedimos a cada grupo que escriban lo que es la pobreza para ellos en las tarjetas o notas adhesivas. Una idea o concepto por cada tarjeta.

A continuación hacemos una puesta en común de todos los grupos, *situando las tarjetas en un mural*, panel o en el suelo, en el que el facilitador dibujará *un triángulo grande* con los tres lados o dimensiones de la pobreza: tener, ser y estar. A continuación el facilitador explica el triángulo de la pobreza y sus tres dimensiones, y una vez comprendido el triángulo, los participantes tratan de situar las notas o tarjetas de cada una de sus definiciones en el lado del triángulo que creen que corresponde.

Con ello *veremos si entre todos hemos dibujado un mapa conceptual de la pobreza globalizado*, o bien nos hemos quedado escasos en alguna de las áreas y por tanto ese es el punto que debemos reforzar. Una vez que tenemos el mapa configurado nos planteamos *en qué medida nuestras tareas inciden en los tres ámbitos*, dónde deberían incidir más, qué nuevas tareas podemos incorporar, etc.

A partir de ese primer análisis conceptual, propongo ahora analizar nuestra realidad cercana y la de las personas a las que ayudamos, con un instrumento sociológico diseñado desde lo que considero principales *indicadores de estos tres ámbitos de la pobreza*. Los expreso a modo de pequeña encuesta para que cada uno/a vaya analizando en qué medida estas "pobrezas" afectan a las personas que ayuda habitualmente o del entorno que deseemos analizar en grupo de trabajo (señalar con una X), y también nos las podemos aplicar a nosotros (señalar con una Y) darnos cuenta de cuan distantes estamos unos de otros.

Dejo un par de espacios en blanco en cada ámbito para aportar más ítems desde nuestra experiencia, con el fin de crear también entre todos un instrumento de análisis de la pobreza en nuestro entorno socio-cultural. La escala para valorar cada indicador podría ser esta: 1 (nada), 2 (poco), 3 (suficiente), 4 (mucho):

Dimensión física-material (TENER o NO TENER)				
Inidicadores	4	3	2	1
Oportunidades en la vida				
Comida y vestido				
Recursos mínimos materiales				
Salud y bienestar físico				
Vivienda digna				
Acceso a los servicios públicos básicos				

Dimensión psíquica-espiritual (SER o NO SER)				
Indicadores	4	3	2	1
Identidad personal (ser alguien)				
Realización (ser lo que quiere ser)				
Felicidad y autoestima				
Autonomía personal (desenvolvimiento)				
Formación y cultura				
Seguridad y libertad				

Dimensión social-relacional (ESTAR o NO ESTAR)				
Indicadores	4	3	2	1
Integración social y grupal				
Vínculos sociales y familiares				
Posibilidades de participación social				
Acceso a la información (internet, etc)				
Libertad de movimiento (local y global)				
Papeles y legalidad				

Una vez analizadas y comprendidas bien estas tres dimensiones de la pobreza-exclusión social a través de algunos indicadores clave, *tenemos un buen punto de partida para plantearnos como voluntarios y como ciudadanía comprometida y responsable, cómo podemos nosotros incidir en estos tres ámbitos para luchar contra la pobreza.* Si bien la lista no está agotada, yo propongo desde un punto de vista genérico los siguientes ámbitos de actuación desde el voluntariado y/o una ciudadanía comprometida y prosocial:

Dimensión	Tareas del voluntariado y la solidaridad
TENER	*-Compartir bienes y recursos* *-Posibilitar el acceso a bienes y servicios* *-Posibilitar el auto-desarrollo económico*
SER	*-Presencia positiva y motivación para el otro* *-Defender la dignidad y los derechos del otro* *-Ofrecer formación y capacitación profesional*
ESTAR	*-Compartir espacios de diálogo y celebración* *-Posibilitar redes y contactos* *-Sensibilizar a la ciudadanía*

Ni que decir tiene, que estas tareas han de ser definidas y concretadas en sub-tareas de los proyectos de ayuda, pero lo interesante de este *mapa de posibilidades* es que nos puede ayudar también para:

* *Situar más conscientemente la pequeña labor de cada cual* en un determinado proyecto, así como dotarla de más sentido, un sentido que a veces no se percibe y es motivo de abandonos y frustraciones.
* *Reinventar y enriquecer nuestros programas y proyectos de ayuda*, identificando aquellas áreas o ámbitos donde no estamos incidiendo tanto y deberíamos incidir más.
* *Proyectar acciones de lucha contra la pobreza y la exclusión social de modo global*, teniendo como ejes los ámbitos del tener, ser y estar.

- En otro orden de cosas y si está a nuestro alcance, *influir en las políticas sociales para que vayan encaminadas a luchar en los tres frentes* de forma global, y no sólo de forma parcial en uno de ellos.

Por destacar un sencillo ejemplo de lo que acabo de comentar, cuando se organiza una campaña en un centro educativo, no es lo mismo recaudar fondos (para aliviar el tener) que plantear la campaña como un modo de incidir en las tres áreas: cambian entonces los mensajes o eslóganes, cambian las actitudes de los alumnos/as, la campaña adquiere más sentido, y muy posiblemente surjan más ideas para ayudar.

Identidad Cosmopolita Global

El objetivo de esta investigación va a consistir en *analizar proyectos educativos de colegios y universidades* en una zona geográfica (local, regional) o bien comparando tipos de colegios, o estudiando la evolución de los perfiles de alumnado en una sola institución educativa, para valorar *en qué medida dichos proyectos contemplan una Identidad Cosmopolita Global en el perfil del alumno/a del siglo XXI*, mediante la técnica de investigación del *análisis de contenido*.

El año 2016 tuve la ocasión de acompañar un proyecto internacional educativo basado en el concepto de *Identidad Cosmopolita Global*. Conocido también en los ámbitos educativos con el nombre de *Ciudadanía Cosmopolita, Ciudadanía Global*, o incluso más recientemente *Inteligencia Global*, en otros ámbitos y propuestas, pero referidos a la misma preocupación por educar *personas que sepan combinar con inteligencia, audacia y humanismo en sus vidas la pertenencia a una cultura y territorio local concreto, con la necesaria pertenencia universal a un proyecto humanista global*, del que forman parte otros diferentes, pero todos iguales en dignidad y en derechos.

Yo propuse con criterio científico-social justificado, y sigo proponiendo en la actualidad, que *la clave de este proceso hay que buscarla en la construcción de los procesos identitarios*, que por otro lado son también el origen de los conflictos inter-culturales e intra-culturales actuales. Por hacer una referencia actual: si profundizamos un poco en el conflicto del asalto al capitolio de EE.UU. el día 6 de enero de 2021, en el fondo de los asaltantes late un tipo de "Identidad Supremacista Nacional", todo lo contrario de una Identidad Cosmopolita Global.

Este proyecto, que con el tiempo se ha ido consolidando y en la actualidad tiene bastantes referencias en publicaciones, investigaciones y propuestas pedagógicas, nació en el contexto del proyecto educativo Compañía de María y su red de centros educativos y educativo-sociales en todo el mundo, canalizado desde su Fundación Internacional de Solidaridad Compañía de María. Pero nació con carácter e intención global más allá de la propia red de centros Compañía de María, por ello se publicó en 2016 un libro de todo el proyecto en editorial PPC, del grupo editorial SM (España) bajo el título *"Identidad Cosmopolita Global: un nuevo paradigma educativo-social para un mundo nuevo"*.

Dicho libro, que tuve el privilegio de coordinar, tiene, además de mi propuesta, una serie de aportaciones de un importante elenco de expertas y expertos internacionales en varios aspectos claves necesarios para implementar con calidad y eficacia este gran proyecto. Todo esto lo cuento para ilustrar que un marco como el que vamos a utilizar en esta investigación, no nace de la nada, sino que nace de un largo, ancho y profundo proceso intelectual y experiencial.

En una primera investigación documental a fondo de su proyecto educativo universal o global, conceptualicé las que llamé *"Cuatro dimensiones o llaves de la Identidad Cosmopolita Global"*, que van a configurar el marco de investigación de esta propuesta en un determinado entorno local. Dichas dimensiones están formadas por 4 pares de conceptos-palabras. Y cada pareja de palabras es necesariamente indisoluble, siendo sinérgicas ambas entre sí, se realimentan mutuamente. Vamos a conocerlas con detalle para saber qué es lo que tenemos que observar en nuestra investigación:

Inclusividad-Diversidad: frente a la uniformidad y la homogeneidad incoherente, optamos por la diversidad constructiva y coherente, pero *una diversidad inclusiva* en la que todos tienen cabida y derecho a ser reconocidos y aceptados como tal. Esta diversidad se halla presente no sólo en lo cultural, sino también en los modos de aprendizaje e inteligencias así como en la diferente disponibilidad de bienes y oportunidades.

Solidaridad-Justicia: optamos por un tipo de solidaridad que tiene como horizonte de sentido y realización la justicia, conscientes de que no todas las formas de solidaridad están animadas y orientadas por la justicia. *La solidaridad es el camino*, los proyectos, las actividades, mientras que *la justicia debe ser la brújula y el horizonte* hacia el que caminan las formas de la solidaridad.

Historicidad-Utopía: la utopía de otro mundo posible realizado por mujeres y hombres nuevos, que desarrollan al máximo sus talentos, no para el propio beneficio o ventaja, sino para ponerlos al servicio de los demás, no se entiende sin una línea de tiempo histórica (pasado – presente – futuro), sin un proceso evolutivo propio de las etapas educativas. La vivencia del tiempo y su programación, en lo físico y lo existencial, es clave para comprender y realizar las utopías: *somos personas e instituciones con una fuerte dimensión histórica y temporal que nos define y nos proyecta hacia delante*, hacia horizontes de mejora.

Reflexividad-Identidad: la identidad, tanto en lo individual como en lo colectivo, se construye mediante procesos reflexivos en los que entran en juego los valores humanos como criterios de discernimiento y toma de decisiones. Optamos hoy por *una identidad global y cosmopolita, frente a una identidad fragmentada y parcelada*, de corto alcance en lo personal y en lo socio-cultural. Los *procesos de reflexividad del yo, como elementos clarificadores de la identidad,* precisan de acompañamiento ontológico, discernimiento y desarrollo de cierta dimensión espiritual.

Conocido ya el marco o las lentes desde las que vamos a investigar la realidad social, el objetivo de esta investigación va a consistir, como ya anunciaba al comienzo, en *analizar proyectos educativos de colegios y universidades* para valorar *en qué medida dichos proyectos contemplan una Identidad Cosmopolita Global en el perfil del alumno/a del siglo XXI*. La investigación podemos hacerla a través de las propias páginas web de dichos centros educativos, donde generalmente suelen estar publicados los proyectos educativos de forma resumida, o incluso en su totalidad.

114

Para realizar el análisis de contenido de los proyectos en la zona o muestra seleccionada, necesitamos una *herramienta de evaluación-chequeo* con unos conceptos e indicadores a modo de variables clave en cada una de las 4 dimensiones de la Identidad Cosmopolita Global, para determinar en qué medida están presentes o no en los perfiles de alumnos/as de dichos proyectos educativos. Dado que *la técnica rigurosa del análisis de contenido es compleja y requiere mucho tiempo* de procesamiento, *optaremos por una herramienta de chequeo sencilla e intuitiva*, formada por una serie de *indicadores de observación documental*, que tras una lectura atenta de cada proyecto educativo, por pequeños equipos de trabajo, en concreto *el apartado referido a perfil del alumno/a,* nos permitan evaluarlo con nuestro *cuestionario de observación documental.*

Propongo el siguiente cuestionario de chequeo post-lectura, en el que vamos a identificar las referencias a una serie de ítems de *Identidad Cosmopolita Global* (ICG), tres representativos de cada dimensión, si bien podríamos añadir más si lo consideramos oportuno en nuestra investigación. La escala utilizada será una combinación de la *frecuencia con la que aparecen las referencias* (dimensión cuantitativa) con la *fuerza y énfasis que se le da a las mismas* (dimensión cualitativa) mediante resaltados de texto, letras mayúsculas o negritas, así como narrativas emocionales y enfatizadas con frases y pensamientos célebres:

1 = ninguna representación
2 = escasa representación
3 = representación media
4 = bastante representación
5 = representación alta y central.

Tras la lectura del perfil de alumno/a del centro educativo/a X (nombre del centro educativo), valorar en qué medida los siguientes indicadores están representados en dicho perfil:

Dimensión ICG	Indicadores	5	4	3	2	1
Inclusividad-Diversidad	Persona tolerante que acepta la diversidad social y cultural en sus variadas manifestaciones					
	Persona abierta a un mundo y sociedad diversa y mestiza que valora como proceso enriquecedor					
	Persona dialogante y respetuosa con las diferentes ideas y estilos de vida en un marco de derechos y deberes					
Solidaridad-Justicia	Persona comprometida con los más pobres, abandonados y excluidos a través del ejercicio de la solidaridad					
	Persona que pone su talento y capacidades al servicio de la sociedad como criterio de justicia social					
	Persona sensible y respetuosa con el medio ambiente y comprometida con la defensa de toda forma de vida					
Historicidad-Utopía	Persona que es sujeto histórico llamado a mejorar la sociedad, a escribir una historia buena y mejor					
	Persona que reconoce y respeta la sabiduría y contribuciones de los antepasados					
	Persona esperanzada que cree en la posibilidad de un mundo mejor y en su contribución para lograrlo					
Reflexividad-Identidad	Persona con integridad ética y valores humanos y sociales como brújula para orientarse en la vida					
	Persona con un proyectos de vida o propósito personal que da sentido a su modo de estar y ser en el mundo					
	Persona con sentido de pertenencia a un territorio y grupo socio-cultural y al mismo tiempo a toda la humanidad					

Es importante subrayar que los perfiles de alumnado de los centros educativos hacen referencia a muchos aspectos relacionados con valores, inteligencias, capacidades, logro personal, etc., y que lo que nosotros vamos a analizar no puede llevarnos al error de concluir que un colegio sea mejor o peor por el hecho de contemplar más o menos la Identidad Cosmopolita Global (ICG) o Ciudadanía Global en sus intenciones y acentos educativos. El resultado de nuestra investigación únicamente *medirá la importancia que se le da a la ICG como competencia clave hoy en los perfiles de alumnado de los centros educativos que analicemos*, al menos desde mi consideración y la de muchas personas e intelectuales convencidos de la necesidad de construir un mundo más fraterno, humanista y solidario, habida cuenta de la alta fragmentación y división existente, que no hace bien a nadie y está en la base de muchas injusticias y problemas locales y globales.

Podremos ver qué dimensiones de la ICG son las más olvidadas o debilitadas, y desde esa evidencia, *hacer propuestas a las diferentes autoridades educativas*, desde el convencimiento basado en que la educación media y universitaria son claves para construir una Ciudadanía Cosmopolita y Global, un mundo mejor para todos.

Rutas de Inteligencias Múltiples

Ocurrió en el verano de 2020, en plena pandemia por COVID19 en España, durante el mes de agosto, tras el desconfinamiento y en un momento de cierta normalidad con baja incidencia en los contagios, que permitía hacerse algunas escapadas vacacionales con las debidas precauciones. Por ello pude hacer un viaje de dos días en familia a la población llamada *El Barco de Ávila*, en España. En un sencillo paseo a orillas del río Tormes, pude disfrutar y leer varios poemas del poeta Peruano Arturo Corcuera, vinculado a dicha población, y del que la misma, a título póstumo, ya que falleció en 2017, y tras el estudio y aprobación de las debidas justificaciones culturales, le dedicó dicho paseo o ruta en 2019.

El paseo se encuentra junto al Parque de La Alameda, al inicio de lo que en el municipio se conoce popularmente como *paseo de la fuente de los estudiantes*, donde se han colocado diferentes placas con fragmentos textuales de sus obras, como el poema "Pequeña canción para Barco de Ávila".

Personalmente, el paseo del día *me resultó una experiencia cultural y sensorial bastante agradable y enriquecedora*, ya que combinaba la lectura de los poemas de Arturo Corcuera, junto con el paisaje y las huertas de las famosas "Judías de El Barco", los sonidos del río Tormes y las diferentes vistas de la población, con la torre del castillo de Valdecorneja, del Siglo XII, que nos traslada a la vida medieval de otras épocas, a la historia de la que venimos nosotros, pero a su vez abiertos a las influencias de otras culturas. Tras el paseo, y un breve baño en una de las zonas del río Tormes, pudimos degustar en la plaza de Barco de Ávila algunas tapas y alimentos típicos, como las *patatas revolconas*, francamente deliciosas.

Todo ello me hizo pensar, al final del día, en las Inteligencias Múltiples de Howard Gardner, y cómo este paseo, en compañía de mi familia y otra familia amigos nuestros, *había sido un auténtico festival de inteligencias múltiples*. Realmente, en un breve repaso de todas ellas, la jornada había estimulado todas, sin darnos cuenta. Y pensé entonces, que *si hubiésemos sido un poco más conscientes* de la importancia de este paseo para estimular todas las inteligencias de adultos y niños, tal vez lo hubiésemos aprovechado y degustado más. Por si esto fuese poco, ese mismo día por la noche en el castillo de Valdecorneja había varios talleres científico-divulgativos relacionados con la astrofísica y el espacio, y además una observación guiada y explicada de las estrellas, a la que asistimos evidentemente.

Pues bien, a partir de esta experiencia personal, la propuesta de esta investigación va a consistir en descubrir e identificar rutas de inteligencias múltiples en diferentes zonas geográficas, es decir, propuestas de ocio y turismo que estimulen todas las inteligencias del visitante o viajero/a, las más posibles. *Una nueva forma de diseñar experiencias y destinos de ocio y turismo, o en clave de inteligencias múltiples.* Para ello, en primer lugar, veamos qué son las inteligencias múltiples y cómo se estimulan habitualmente de forma cotidiana, para analizar su presencia en las zonas que investiguemos.

Howard Gardner (2004)[3] describe la inteligencia a partir de los diferentes formatos del pensamiento: *el visual* (imágenes y colores), *el auditivo* (sonidos y palabras) y *el kinestésico* (experiencias, emociones y sensaciones). Los pensamientos, por tanto, se presentan en distintos formatos que se basan en los órganos sensoriales. A su vez, la función de la inteligencia es doble: por un lado nos sirve para *resolver problemas* y por otro lado *para crear productos.*

La combinación peculiar de diferentes formatos de pensamiento en una serie de situaciones o problemas que resolver, es la que lleva a Gardner a definir cada una de las 9 inteligencias. Veamos entonces en qué consisten y cómo se estimulan las 9 Inteligencias Múltiples propuestas por Howard Gardner en este cuadro explicativo:

Inteligencia	Se define como	Se estimula de forma cotidiana
Lingüística	Soltura en el uso del lenguaje hablado y escrito, tanto en la emisión como en la recepción comunicativa.	Leyendo, hablando, escuchando noticias, intercambiando opiniones, etc.
Matemática	Capacidad para hacer cálculos y probabilidades, así como operaciones lógicas y abstractas.	Calculando ingresos y gastos, repartiendo cosas, midiendo cosas, haciendo y predicciones, etc.

---

[3] GARDNER, H. (2004). *Mentes flexibles.* Ed. Paidós. Barcelona.

Musical	Capacidad para reconocer timbres, sonidos, llevar el ritmo, jugar con el tono de voz...	Escuchando música, interpretando música, llevando el ritmo, explorando sonidos...
Espacial	Capacidad para formar en la mente representaciones espaciales y operar con ellas de forma diversa.	Dibujando en varios planos, capas, perspectivas, situando las cosas en diferentes lugares...
Intra-personal	Conocimiento de uno mismo, sus emociones, pensamientos, motivaciones, puntos fuertes y débiles.	Reflexionando sobre uno mismo, orando o meditando, haciendo un ejercicio de auto-conocimiento, emocionándonos...
Inter-personal	Capacidad de conocer y escuchar a las personas, de tratarlas como personas únicas y merecedoras de atención y respeto, de satisfacer sus necesidades.	Interactuando con otros, compartiendo emociones y opiniones, trabajando en equipo, resolver conflictos, participar y acordar...
Naturalista	Capacidad de comprender y conocer el mundo natural, así como relacionarse con él de modo ecológico.	Disfrutando la naturaleza, cuidando la naturaleza, consumo ecológico y responsable...
Existencial	Capacidad para plantearse preguntas profundas y finales como ¿Quién soy? ¿De dónde vengo? ¿Dónde voy? ¿Qué sentido tiene mi vida?	Pensando en el futuro, recordando el pasado, haciéndose preguntas de sentido, cuidando los valores y raíces culturales, celebrando a los antepasados...
Corporal – cinestésica	Capacidad de resolver problemas y crear productos usando todo el cuerpo o partes del mismo.	Haciendo deporte y actividad física, actividades expresivas y artísticas con el cuerpo...

Howard Gardner, autor de las Inteligencias Múltiples, nos dice que la función de la inteligencia es doble: por un lado sirve para *solucionar problemas* y por otro lado para *crear productos*. Cada vez más, la educación se va vertebrando por inteligencias y competencias clave, y no tanto por asignaturas o campos del conocimiento, para evitar la fragmentación cognitiva en un mundo que se disfruta y aprehende mejor de forma globalizada, desde varios marcos del conocimiento. Las experiencias que estimulan varias inteligencias, posibilitan, sin ser conscientes de ello, una vida más interesante, enriquecedora, virtuosa y apetecible en definitiva: todo ello son factores de felicidad personal y social.

Una vez que ya sabemos lo que son las inteligencias múltiples y cómo se estimulan, tenemos todo lo que necesitamos para indagar e *investigar de forma cualitativa sobre todo, una serie de espacios y rutas de ocio y disfrute social que estimulen las más inteligencias posibles*. Basta con recorrerlas y experimentarlas de forma personal como investigadores/as participantes en clave de inteligencias múltiples, con una sencilla ficha de recogida de datos y lista de chequeo como la que propongo a continuación.

Añadir, finalmente, que también *podemos hacer ese viaje o paseo indagador de forma retrospectiva*, aplicándolo a una situación pasada suficientemente significativa en clave de inteligencias múltiples, como he hecho yo al comienzo de este capítulo. Para ello recomiendo, *entrar en esa situación pasada creando un espacio de calma y concentración*, sin prisas ni interrupciones.

Breve descripción de la experiencia e identificación del lugar y tipo de actividad realizada

Valora en qué medida la experiencia de ocio que acabas de experimentar ha estimulado tus inteligencias múltiples, siendo 1 = poca / escasa estimulación y 5 = mucha / abundante estimulación.					
Lingüística	1	2	3	4	5
Matemática	1	2	3	4	5
Musical	1	2	3	4	5
Espacial	1	2	3	4	5
Intrapersonal	1	2	3	4	5
Interpersonal	1	2	3	4	5
Naturalista	1	2	3	4	5
Existencial	1	2	3	4	5
Corporal–cinestésica	1	2	3	4	5

Observaciones o aclaraciones adicionales que desee hacer el investigador/a participante en la experiencia

Para realizar esta observación participante, ni que decir tiene que los y las participantes, previamente han sido formados e informados brevemente en lo que son las inteligencias múltiples, así como sus formas típicas o cotidianas de estimularlas. Por ello, *antes de iniciar sus investigaciones, recomiendo hacer una breve sesión o taller de entrenamiento básico en inteligencias múltiples*, así como algún supuesto práctico de cómo identificarlas en diferentes experiencias de ocio que hayamos tenido, estableciendo indicadores concretos si lo vemos oportuno y necesario. Sólo así estarán bien entrenados y preparados/as para hacer *una investigación de valor y calidad*, que aporte buenas reflexiones e ideas para un ocio de calidad en cuanto a las inteligencias múltiples estimuladas.

César García-Rincón de Castro
www.cesargarciarincon.com
Madrid (1966)

Doctor en Sociología, Licenciado en Sociología Industrial y Diplomado en Trabajo Social.

Ha recibido el Premio Santillana 2000 y el Premio Experiencia Didáctica en el Área de Letras, del CDL-Madrid, ambos por un proyecto de Educación en la Solidaridad con alumnado de Bachillerato. Medalla de doctor de la Universidad Pontificia de Salamanca.

Conferenciante, formador y consultor a nivel nacional e internacional de proyectos educativos y pedagógicos en varias Fundaciones, Congregaciones, Empresas y Organismos Públicos.

Ha sido responsable del Departamento de Trabajo Social del Colegio Ntra. Sra. del Recuerdo (Compañía de Jesús – Madrid) desde 1990 hasta 2006. Pionero en España de la Educación Prosocial y el Servicio Social en la escuela desde un enfoque curricular.

Experto en proyectos internacionales de Educación Prosocial y para el Desarrollo Humano, ha impartido conferencias en Universidad Manuel Montt de Santiago de Chile, Congreso de Educación Católica de Ausgburg (Alemania), Principado de Andorra, Burdeos (Francia), I Simposio de Identidad Cosmopolita Global en Medellín (Colombia) y en la Mansión Francesa de Bogotá (Colombia), en 2019 en la Pontificia Universidad Católica Madre y Maestra de República Dominicana, conferencia y curso de formación sobre Aprendizaje Servicio, con participación de directivos del MINERD (Ministerio de Educación de la República Dominicana). Imparte conferencias y cursos habitualmente con las principales editoriales educativas de España y América, como Grupo SM y Edelvives.

Ha acompañado procesos y proyectos estratégicos de Educación Prosocial y del Servicio Social con las principales congregaciones educativas del mundo, como los Marianistas, Jesuitas, Compañía de María e Hijas de la Caridad.

En la actualidad ha desarrollado y está facilitando un innovador programa de formación y certificación de competencias soft-skills adquiridas a través del voluntariado (10 competencias) para Fundación FADE (Murcia – España) y su programa *Talante Solidario*, formando tanto a voluntariado como a tutores de entidades sociales, a través de la Universidad de Murcia, que certifica dichas competencias. Ha desarrollado todos los contenidos teóricos (150 páginas), sistemas de evaluación por competencias, indicadores competenciales (test) y ejercicios de entrenamiento competencial en el propio voluntariado de los participantes. El proyecto pretende aumentar la empleabilidad futura de los jóvenes participantes, al presentar en sus CV las competencias certificadas, y se perfila como un gran aliado de los centros educativos universitarios, Escuelas de Negocios, así como entrenamiento de competencias profesionales en empresas, alineadas con el desempeño profesional y con los proyectos de Responsabilidad Corporativa y Voluntariado Corporativo.

Ha sido profesor colaborador de la Universidad Pontificia Comillas de Madrid, así como colaborador en la revista Padres y Maestros de dicha universidad. Ha sido coordinador del Curso de "Especialista Universitario en Educación para el Desarrollo Global. Investigación, Innovación y Metodologías". También es profesor colaborador en la Universidad de Andorra, dentro del Curso sobre Cooperación al Desarrollo y Voluntariado.

Consultor internacional de los Centros Educativos Compañía de María, dentro del proyecto de Educación para el Desarrollo "Identidad Cosmopolita Global, que ha diseñado y puesto en marcha en España, Francia y Colombia. Ponente en el *I Simposio Internacional de Identidad Cosmopolita Global* en Medellín y Bogotá (Colombia), en septiembre de 2016.

Director del área educativa y social de la Fundación Europea para el Estudio y Reflexión Ética, desde la que ha desarrollado ya un modelo educativo de Ética Social en la infancia y un modelo de Liderazgo Ético para desarrollar en las organizaciones.

Profesor colaborador en varias universidades: Universidad Pontificia Comillas, Universidad de Andorra, CEU Cardenal Herrera de Valencia, Real Centro Universitario Mª Cristina de El Escorial y Universidad de Murcia.

Experto en dinámicas de grupo y recursos didácticos, que comparte en su canal de YouTube, que aglutina ya a más de 80.000 educadores/as de todo el mundo, así como en el sitio www.cocinandoaprendizajes.org

Músico y compositor profesional, especializado en canción pedagógica infantil, CEO de MusiContigo, productora y editorial de música pedagógica y de valores humanos. Creador de los populares "Emoticantos", para la educación emocional y prosocial de la infancia, que se trabajan ya en muchas escuelas y centros educativos de todo el mundo. En abril de 2018 ha formado a 50 educadores/as infantiles sobre el programa Emoticantos en la Universidad Manuel Montt de Santiago de Chile, en un Seminario organizado por la revista de psicopedagogía REPSI Chile.

Creador de varios modelos pedagógicos innovadores relacionados con el área del desarrollo de personas y organizaciones: liderazgo, competencias y habilidades, relaciones eficaces, gestión de conflictos, espíritu emprendedor, inteligencia emocional, Programación Neuro-Lingüística, etc.